AF222072

Impressum
Verlag: BABADADA GmbH, Nedderfeld 112 , 22529 Hamburg
Geschäftsführer / Verlagsleitung: Harald Hof
Druck: Books on Demand GmbH, In de Tarpen 42, 22848 Norderstedt

Imprint
Publisher: BABADADA GmbH, Nedderfeld 112 , 22529 Hamburg, Germany
Managing Director / Publishing direction: Harald Hof
Print: Books on Demand GmbH, In de Tarpen 42, 22848 Norderstedt

σχολείο
skola

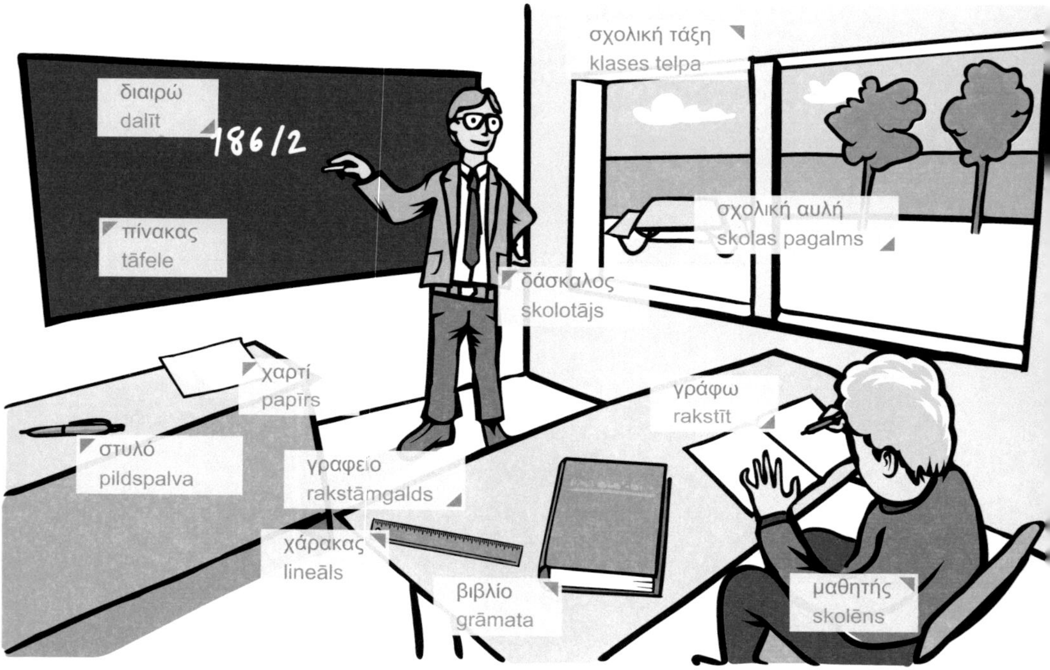

σχολική τάξη
klases telpa
διαιρώ
dalīt
186/2
πίνακας
tāfele
σχολική αυλή
skolas pagalms
δάσκαλος
skolotājs
χαρτί
papīrs
γράφω
rakstīt
στυλό
pildspalva
γραφείο
rakstāmgalds
χάρακας
lineāls
βιβλίο
grāmata
μαθητής
skolēns

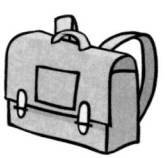

σχολική τσάντα

skolas soma

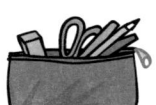

κασετίνα/ μολυβοθήκη

penālis

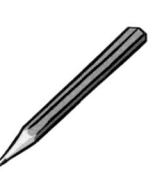

μολύβι

zīmulis

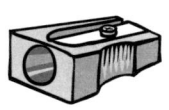

ξύστρα

zīmuļu asināmais

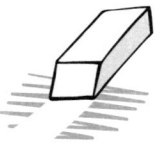

γόμα

dzēšgumija

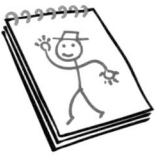

μπλοκ ζωγραφικής

zīmēšanas bloks

ζωγραφική

zīmējums

πινέλο

ota

κουτί χρωμάτων

krāsas

ψαλίδι

šķēres

κόλλα

līme

τετράδιο ασκήσεων

darba burtnīca

εργασία για το σπίτι

mājas darbs

αριθμός

skaitlis

προσθέτω

saskaitīt

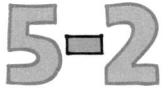

αφαιρώ

atņemt

πολλαπλασιάζω

reizināt

υπολογίζω

rēķināt

γράμμα

burts

αλφάβητο

alfabēts

λέξη

vārds

κείμενο

teksts

διαβάζω

lasīt

κιμωλία

krīts

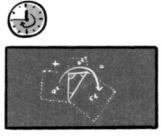

μάθημα

mācību stunda

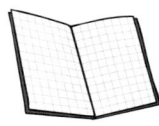

εγγράφομαι

žurnāls

τεστ

eksāmens

πιστοποιητικό

liecība

μαθητική στολή

skolas forma

εκπαίδευση

izglītība

εγκυκλοπαίδεια

enciklopēdija

πανεπιστήμιο

universitāte

μικροσκόπιο

mikroskops

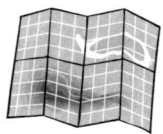

χάρτης

karte

καλάθι αχρήστων

papīrgrozs

4

σχολείο - skola

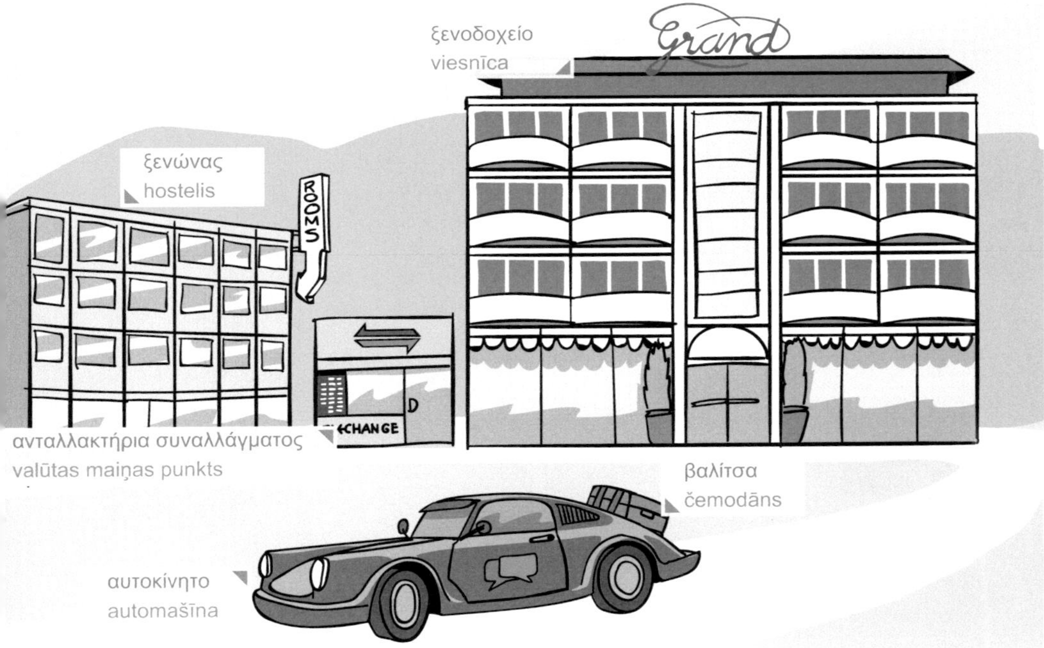

ξενοδοχείο
viesnīca
Grand
ξενώνας
hostelis
ROOMS
EXCHANGE
ανταλλακτήρια συναλλάγματος
valūtas maiņas punkts
βαλίτσα
čemodāns
αυτοκίνητο
automašīna

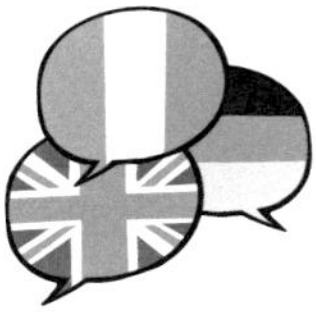

γλώσσα

Valoda

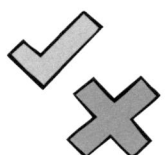

ναι / όχι

jā / nē

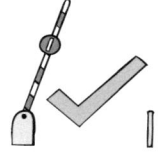

εντάξει

Okay

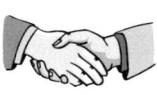

γεια σου

Sveiki!

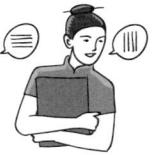

μεταφραστής

tulks

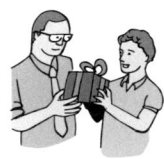

Ευχαριστώ

paldies

πόσο κάνει ;

Cik maksā…?

Δε καταλαβαίνω

Es nesaprotu

πρόβλημα

problēma

Καλησπέρα!

Labvakar!

Καλημέρα!

Labrīt!

Καληνύχτα!

Ar labu nakti!

Αντίο

Uz redzēšanos

κατεύθυνση

virziens

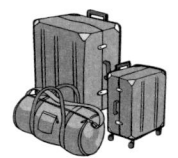

αποσκευές

bagāža

τσάντα

soma

σακίδιο πλάτης

mugursoma

καλεσμένος

viesis

δωμάτιο

istaba

υπνόσακος

guļammaiss

σκηνή

telts

τουριστικές πληροφορίες

tūrisma informācija

παραλία

pludmale

πιστωτική κάρτα

kredītkarte

πρωινό

brokastis

μεσημεριανό

pusdienas

δείπνο

vakariņas

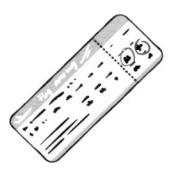

εισιτήριο

biļete

ανελκυστήρας

lifts

γραμματόσημο

pastmarka

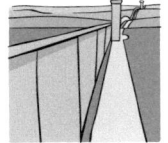

σύνορα

robeža

τελωνείο

muita

πρεσβεία

vēstniecība

βίζα

vīza

διαβατήριο

pase

μεταφορά
transports

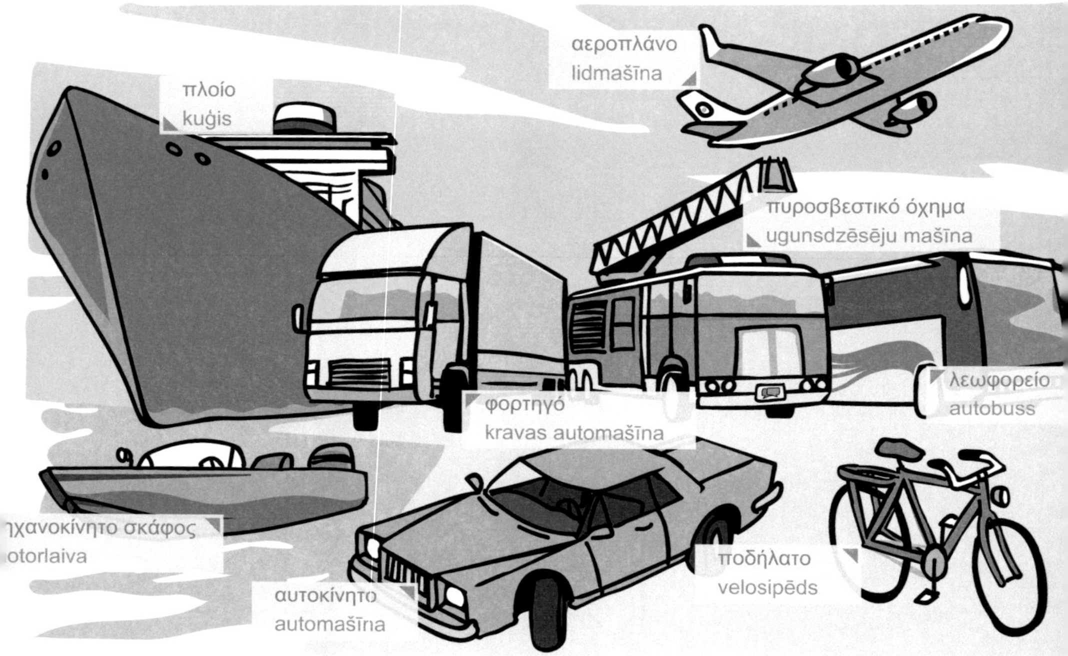

αεροπλάνο
lidmašīna
πλοίο
kuģis
πυροσβεστικό όχημα
ugunsdzēsēju mašīna
λεωφορείο
autobuss
φορτηγό
kravas automašīna
ηχανοκίνητο σκάφος
otorlaiva
ποδήλατο
velosipēds
αυτοκίνητο
automašīna

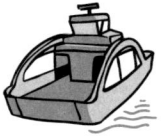

φεριμπότ

prāmis

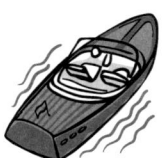

βάρκα

laiva

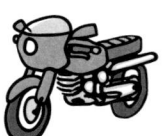

μοτοσικλέτα

motocikls

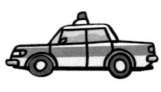

περιπολικό

policijas automašīna

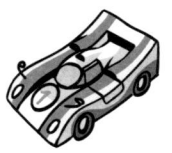

αγωνιστικό αυτοκίνητο

sacīkšu automobilis

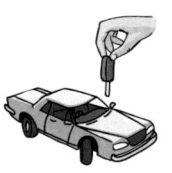

ενοικιαζόμενο αυτοκίνητο

nomas auto

ιαμοιρασμός αυτοκινήτων

auto koplietošana

γερανός

evakuators

απορριμματοφόρο

atkritumu mašīna

κινητήρας

dzinējs

καύσιμο

benzīns

βενζινάδικο

degvielas uzpildes stacija

πινακίδα σήμανσης

ceļa zīme

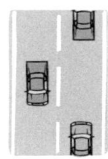

κυκλοφορία

satiksme

κυκλοφοριακή συμφόρηση

sastrēgums

χώρος στάθμευσης

stāvvieta

σιδηροδρομικός σταθμός

dzelzceļa stacija

σιδηροδρομικές γραμμές

sliedes

τρένο

vilciens

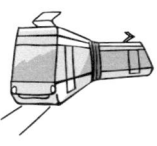

τραμ

tramvajs

βαγόνι

vagons

ελικόπτερο

helikopters

αεροδρόμιο

lidosta

πύργος

tornis

επιβάτης

pasažieris

εμπορευματοκιβώτιο

konteiners

χαρτοκιβώτιο

kaste

καρότσι

ratiņi

καλάθι

grozs

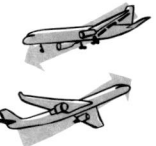

απογειώνομαι /
προσγειόνομαι

pacelties / nosēsties

πόλη
pilsēta

χωριό

ciems

κέντρο της πόλης

pilsētas centrs

σπίτι

māja

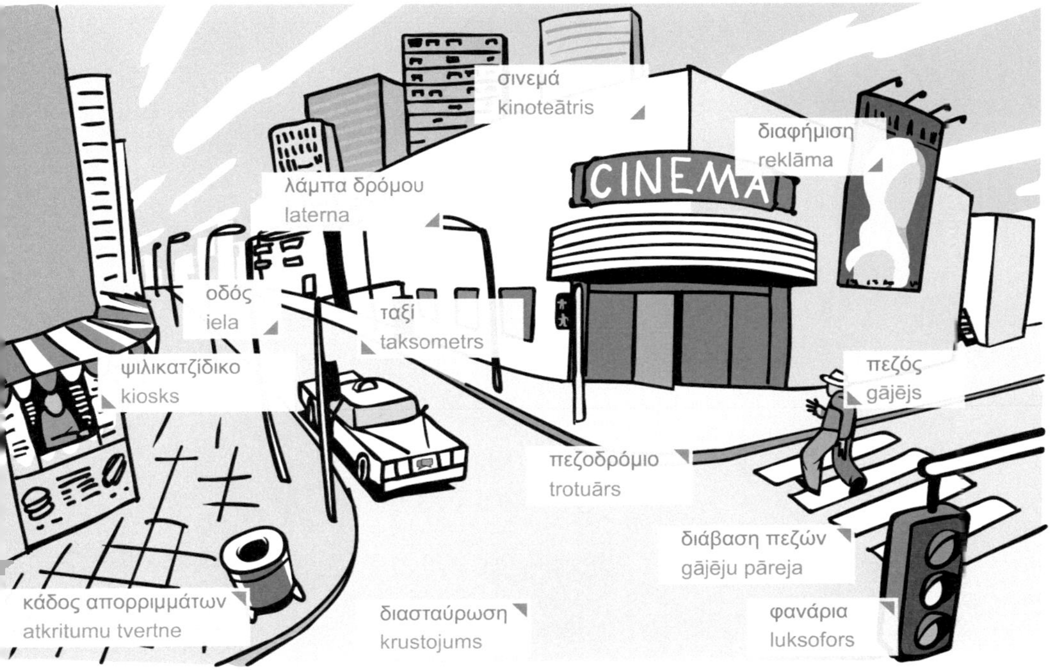

σινεμά
kinoteātris

διαφήμιση
reklāma

λάμπα δρόμου
laterna

CINEMA

οδός
iela

ταξί
taksometrs

ψιλικατζίδικο
kiosks

πεζός
gājējs

πεζοδρόμιο
trotuārs

διάβαση πεζών
gājēju pāreja

κάδος απορριμμάτων
atkritumu tvertne

διασταύρωση
krustojums

φανάρια
luksofors

καλύβα

būda

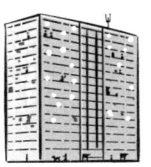

διαμέρισμα

dzīvoklis

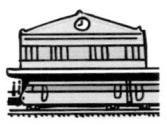

σιδηροδρομικός σταθμός

dzelzceļa stacija

δημαρχείο

rātsnams

μουσείο

muzejs

σχολείο

skola

πανεπιστήμιο

universitāte

τράπεζα

banka

νοσοκομείο

slimnīca

ξενοδοχείο

viesnīca

φαρμακείο

aptieka

γραφείο

birojs

βιβλιοπωλείο

grāmatnīca

κατάστημα

veikals

ανθοπωλείο

ziedu veikals

σούπερ μάρκετ

lielveikals

αγορά

tirgus

πολυκατάστημα

tirdzniecības centrs

ιχθυοπωλείο

zivju tirgotājs

εμπορικό κέντρο

tirdzniecības centrs

λιμάνι

osta

πάρκο

parks

παγκάκι

sols

γέφυρα

tilts

σκάλες

kāpnes

μετρό

metro

τούνελ

tunelis

στάση λεωφορείου

autobusa pieturvieta

μπαρ

bārs

εστιατόριο

restorāns

γραμματοκιβώτιο

pastkastīte

πινακίδα δρόμου

ielas nosaukuma plāksne

παρκόμετρο

stāvlaika skaitītājs

ζωολογικός κήπος

zooloģiskais dārzs

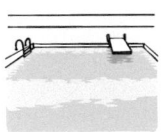

πισίνα

peldbaseins

τζαμί

mošeja

αγρόκτημα

zemnieku saimniecība

ρύπανση

vides piesārņojums

νεκροταφείο

kapsēta

εκκλησία

baznīca

παιδική χαρά

spēļu laukums

ναός

templis

τοπίο
ainava

φύλλο
lapa

πινακίδα κατεύθυνσης
ceļrādis

δρόμος
ceļš

λιβάδι
pļava

πέτρα
akmens

δέντρο
koks

πεζοπόρος
ceļotājs

ποτάμι
upe

χορτάρι
zāle

λουλούδι
puķe

κοιλάδα

ieleja

λόφος

kalns

λίμνη

ezers

δάσος

mežs

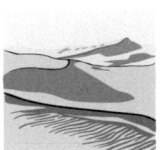

έρημος

tuksnesis

ηφαίστειο

vulkāns

κάστρο

pils

ουράνιο τόξο

varavīksne

μανιτάρι

sēne

φοίνικας

palma

κουνούπι

moskīts

μύγα

muša

μυρμήγκι

skudra

μέλισσα

bite

αράχνη

zirneklis

τοπίο - ainava

σκαθάρι

vabole

βάτραχος

varde

σκίουρος

vāvere

σκαντζόχοιρος

ezis

λαγός

zaķis

κουκουβάγια

pūce

πουλί

putns

κύκνος

gulbis

αγριογούρουνο

meža cūka

ελάφι

briedis

άλκη

alnis

φράγμα

aizsprosts

ανεμογεννήτρια

vēja ģenerators

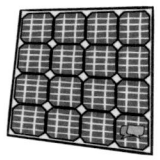

ηλιακός συλλέκτης

saules baterija

κλίμα

klimats

εστιατόριο
restorāns

σερβιτόρος
viesmīlis
κατάλογος
ēdienkarte
καρέκλα
krēsls
σούπα
zupa
πίτσα
pica
μαχαιροπίρουνα
galda piederumi
τραπεζομάντιλο
galdauts

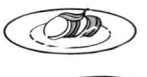

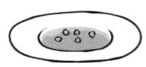

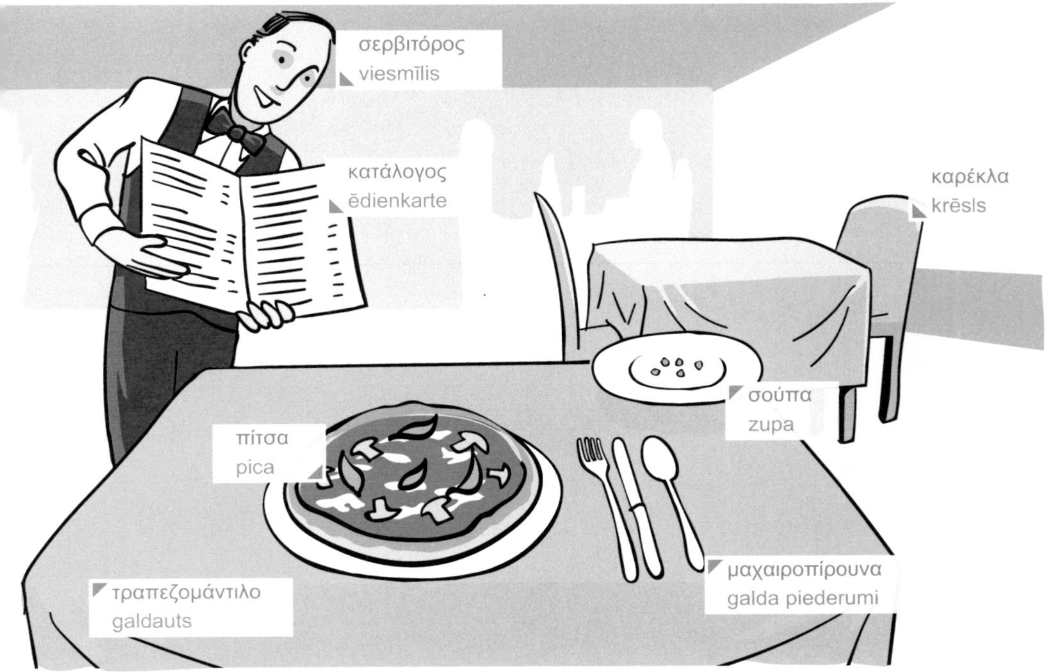

ορεκτικό

uzkoda

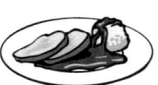

κύριο πιάτο

pamatēdiens

επιδόρπιο

deserts

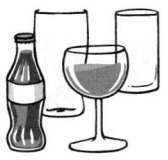

ποτά

dzērieni

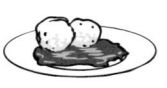

φαγητό

ēdiens

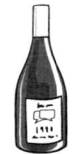

μπουκάλι

pudele

φαστ φουντ

ātrās uzkodas

φαγητό στ' όρθιο

ielu uzkodas

τσαγιέρα

tējkanna

δοχείο ζάχαρης

cukurtrauks

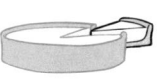

μερίδα

porcija

μηχανή εσπρέσο

espresso kafijas automāts

ψηλή καρέκλα

bāra krēsls

λογαριασμός

rēķins

δίσκος

paplāte

μαχαίρι

nazis

πιρούνι

dakša

κουτάλι

karote

κουταλάκι του τσαγιού

tējkarote

πετσέτα φαγητού

salvete

ποτήρι

glāze

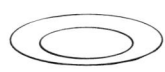

πιάτο

šķīvis

πιάτο σούπας

zupas šķīvis

πιατάκι φλιτζανιού

apakštase

σάλτσα

mērce

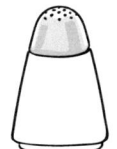

αλατιέρα

sāls trauciņš

μύλος για πιπέρι

piparu dzirnaviņas

ξύδι

etiķis

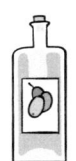

λάδι

eļļa

μπαχαρικά

garšvielas

κέτσαπ

kečups

μουστάρδα

sinepes

μαγιονέζα

majonēze

σούπερ μάρκετ
lielveikals

προσφορά
piedāvājums
FOR
πελάτης
klients
γαλακτοκομικά προϊόντα
piena produkti
φρούτα
augļi
καρότσι για ψώνια
iepirkumu ratiņi

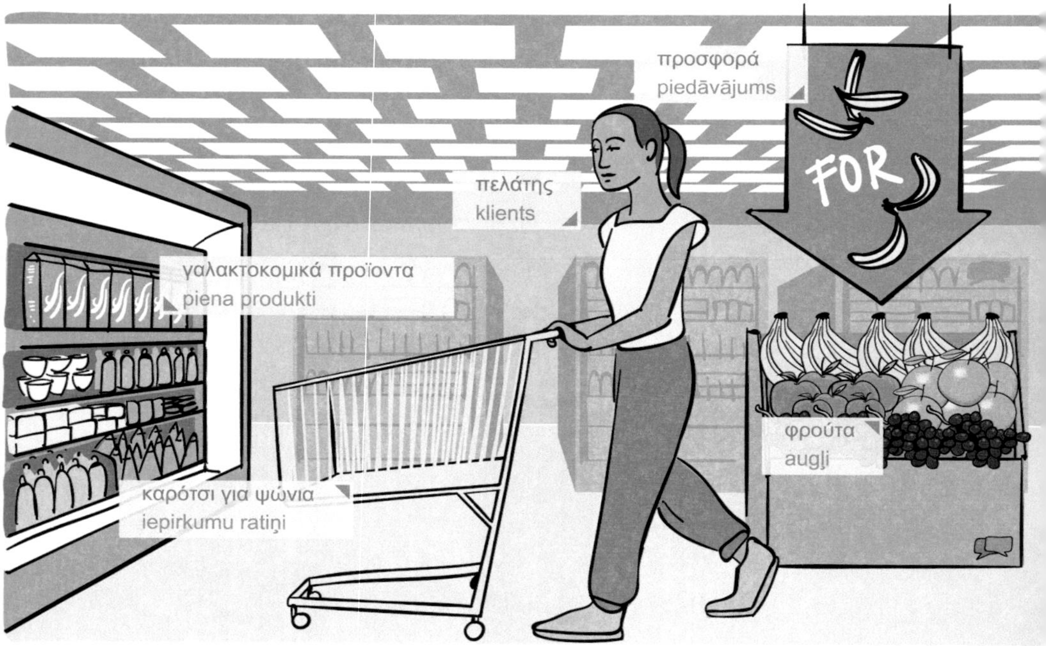

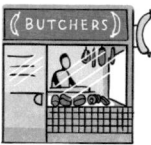

BUTCHERS
κρεοπωλείο
kautuve

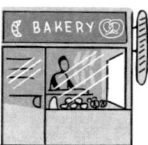

BAKERY
φούρνος
maizes veikals

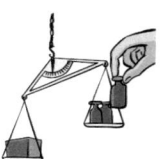

ζυγίζω
svērt

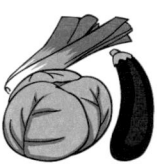

λαχανικά
dārzeņi

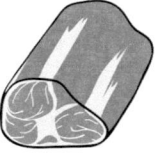

κρέας
gaļa

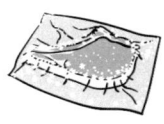

κατεψυγμένα τρόφιμα
saldēti produkti

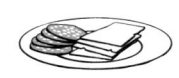

αλλαντικά

aukstās gaļas uzkodas

κονσερβοποιημένη τροφή

konservi

απορρυπαντικό ρούχων

pulveris

γλυκά

saldumi

οικιακά είδη

mājsaimniecības preces

καθαριστικά προϊόντα

tīrīšanas līdzeklis

πωλήτρια

pārdevēja

ταμείο

kase

ταμίας

kasieris

λίστα για ψώνια

iepirkumu saraksts

ωράριο λειτουργίας

darba laiks

πορτοφόλι

maks

πιστωτική κάρτα

kredītkarte

τσάντα

soma

πλαστική σακούλα

maisiņš

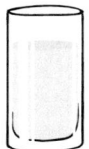

νερό

ūdens

χυμός

sula

γάλα

piens

κόκα κόλα

kola

κρασί

vīns

μπίρα

alus

αλκοόλ

alkohols

κακάο

kakao

τσάι

tēja

καφές

kafija

εσπρέσο

espresso

καπουτσίνο

kapučīno

μπανάνα

banāns

μήλο

ābols

πορτοκάλι

apelsīns

πεπόνι

melone

λεμόνι

citrons

καρότο

burkāns

σκόρδο

ķiploks

μπαμπού

bambuss

κρεμμύδι

sīpols

μανιτάρι

sēne

ξηροί καρποί

rieksti

νουντλς

makaroni

μακαρόνια

spageti

ρύζι

rīsi

σαλάτα

salāti

πατατάκια

frī kartupeļi

τηγανητές πατάτες

cepti kartupeļi

πίτσα

pica

χάμπουργκερ

hamburgers

σάντουιτς

sviestmaize

κοτολέτα

šnicele

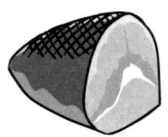

ζαμπόν

šķiņķis

σαλάμι

salami

λουκάνικα

desa

κοτόπουλο

vista

ψητό

cepetis

ψάρι

zivs

χυλός βρώμης

auzu pārslas

μούσλι

muslis

κορν φλέικς

brokastu pārslas

αλεύρι

milti

κρουασάν

radziņš

ψωμάκι

brokastu maizītes

ψωμί

maize

τοστ

tostermaize

μπισκότα

cepumi

βούτυρο

sviests

τυρόπηγμα

biezpiens

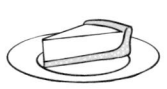

κέικ

kūka

αυγό

ola

τηγανητό αυγό

cepta ola

τυρί

siers

παγωτό

saldējums

ζάχαρη

cukurs

μέλι

medus

μαρμελάδα

marmelāde

άλλειμμα σοκολάτας

riekstu krēms

κάρυ

karijs

φαγητό - ēdiens

αγρόκτημα
zemnieku saimniecība

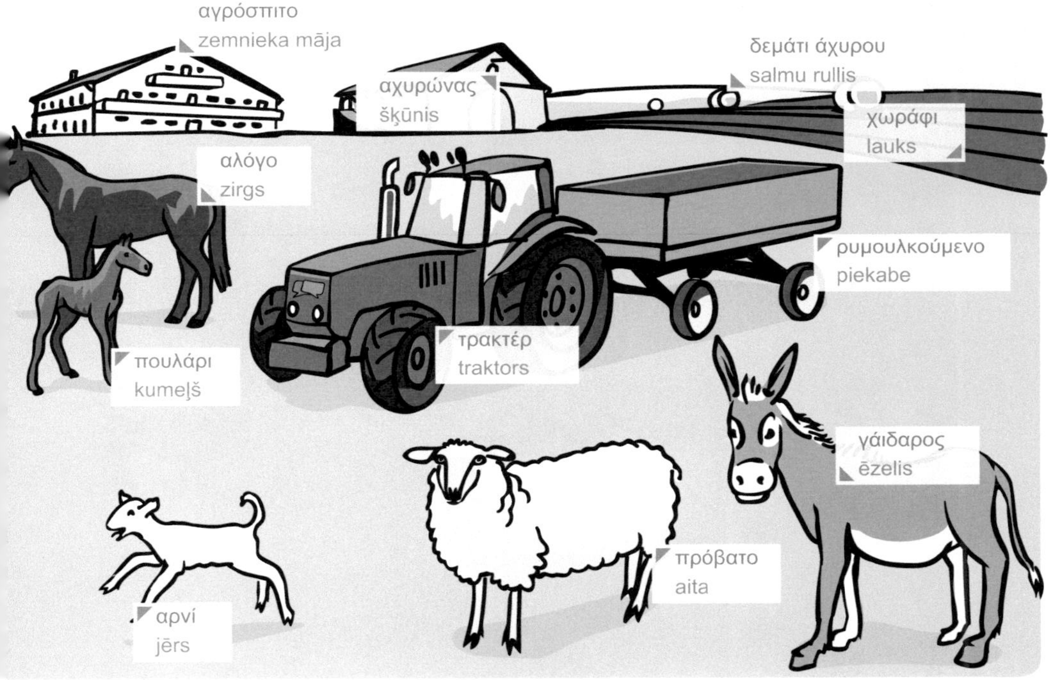

αγρόσπιτο
zemnieka māja
αχυρώνας
šķūnis
δεμάτι άχυρου
salmu rullis
χωράφι
lauks
άλογο
zirgs
ρυμουλκούμενο
piekabe
τρακτέρ
traktors
πουλάρι
kumeļš
γάιδαρος
ēzelis
πρόβατο
aita
αρνί
jērs

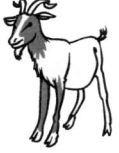

κατσίκα

kaza

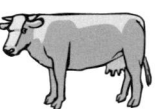

αγελάδα

govs

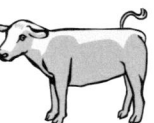

μοσχαράκι

teļš

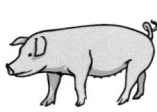

γουρούνι

cūka

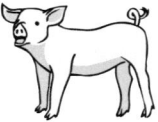

γουρουνάκι

sivēns

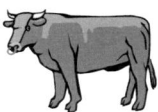

ταύρος

bullis

χήνα

zoss

πάπια

pīle

κοτοπουλάκι

cālis

κότα

vista

κόκορας

gailis

αρουραίος

žurka

γάτα

kaķis

ποντίκι

pele

βόδι

vērsis

σκύλος

suns

σπιτάκι σκύλου

suņa būda

λάστιχο κήπου

dārza šļūtene

ποτιστήρι

lejkanna

θεριστήρι

izkapts

αλέτρι

arkls

αγρόκτημα - zemnieku saimniecība

δρεπάνι

sirpis

τσάπα

kaplis

δίκρανο

mēslu dakša

τσεκούρι

cirvis

χειράμαξα

ķerra

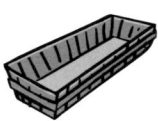

ταΐστρα

sile

δοχείο γάλακτος

piena kanna

σάκος

maiss

φράχτης

žogs

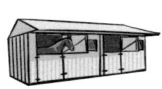

στάβλος

kūts

θερμοκήπιο

siltumnīca

έδαφος

augsne

σπόρος

sēklas

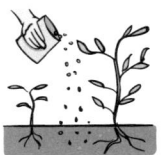

λίπασμα

mēslojums

θεριζοαλωνιστική μηχανή

kombains

θερίζω

novākt ražu

συγκομιδή

raža

γιαμς

jamss

σιτάρι

kvieši

σόγια

soja

πατάτα

kartupelis

καλαμπόκι

kukurūza

κράμβη

rapsis

οπωροφόρο δέντρο

augļu koks

μανιόκα

manioka

δημητριακά

labība

σπίτι
māja

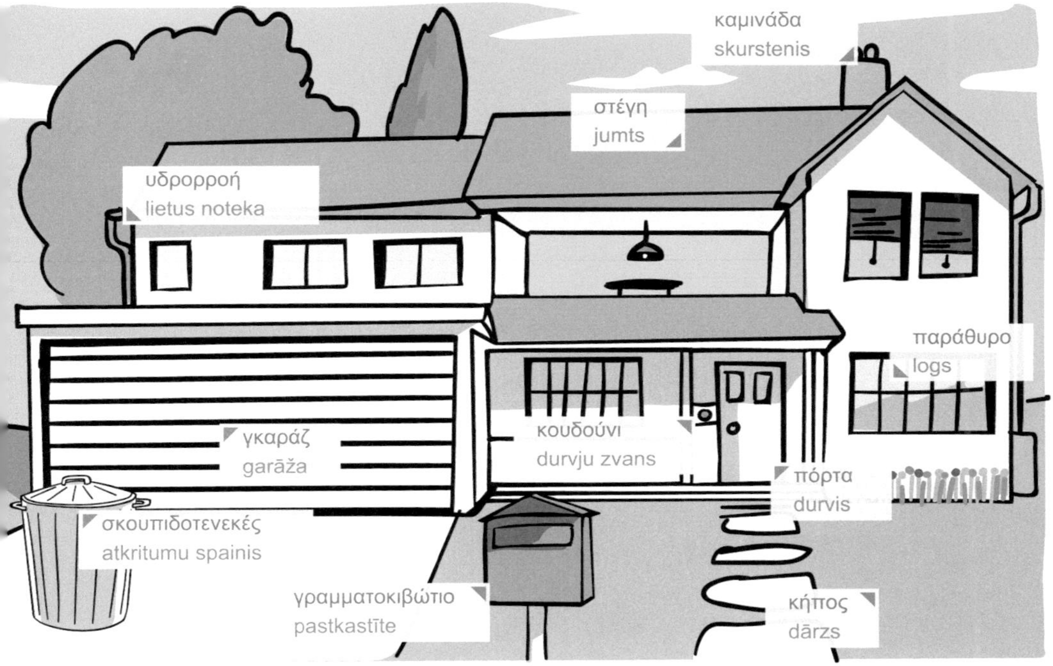
καμινάδα
skurstenis
στέγη
jumts
υδρορροή
lietus noteka
παράθυρο
logs
γκαράζ
garāža
κουδούνι
durvju zvans
πόρτα
durvis
σκουπιδοτενεκές
atkritumu spainis
γραμματοκιβώτιο
pastkastīte
κήπος
dārzs

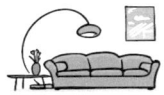

σαλόνι

viesistaba

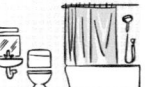

μπάνιο

vannas istaba

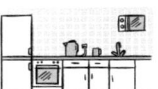

κουζίνα

virtuve

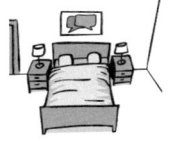

υπνοδωμάτιο

guļamistaba

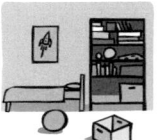

παιδικό δωμάτιο

bērnu istaba

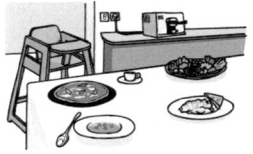

τραπεζαρία

ēdamistaba

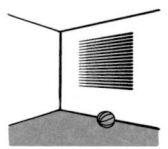

πάτωμα

grīda

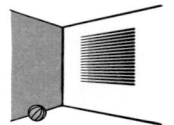

τοίχος

siena

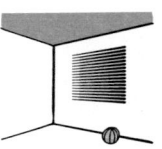

οροφή

griesti

κελάρι

pagrabs

σάουνα

sauna

μπαλκόνι

balkons

βεράντα

terase

πισίνα

baseins

μηχανή του γκαζόν

zāles pļāvējs

σεντόνι

gultas veļa

κάλυμμα κρεβατιού

sega

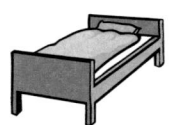

κρεβάτι

gulta

σκούπα

slota

κουβάς

spainis

διακόπτης

slēdzis

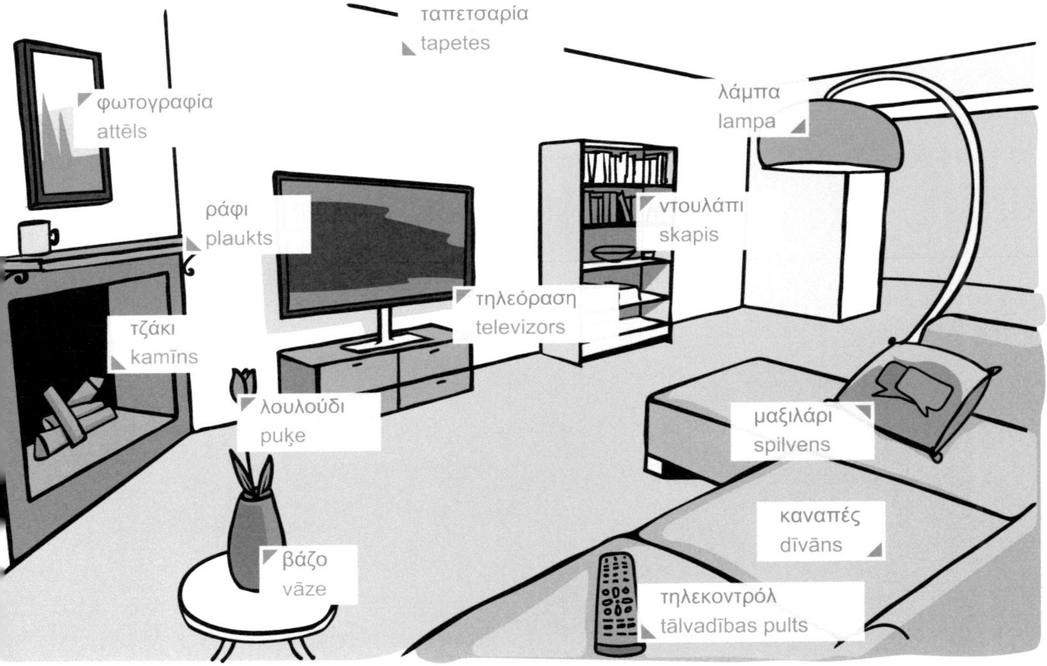

ταπετσαρία
tapetes

φωτογραφία
attēls

λάμπα
lampa

ράφι
plaukts

ντουλάπι
skapis

τζάκι
kamīns

τηλεόραση
televizors

λουλούδι
puķe

μαξιλάρι
spilvens

καναπές
dīvāns

βάζο
vāze

τηλεκοντρόλ
tālvadības pults

χαλί
paklājs

κουρτίνα
aizkars

τραπέζι
galds

καρέκλα
krēsls

κουνιστή πολυθρόνα
šūpuļkrēsls

πολυθρόνα
atpūtas krēsls

βιβλίο

grāmata

κουβέρτα

sega

διακόσμηση

dekorācija

καυσόξυλα

malka

ταινία

filma

στερεοφωνικό σύστημα

mūzikas centrs

κλειδί

atslēga

εφημερίδα

avīze

πίνακας ζωγραφικής

glezna

αφίσα

plakāts

ραδιόφωνο

radio

σημειωματάριο

pierakstu blociņš

ηλεκτρική σκούπα

putekļu sūcējs

κάκτος

kaktuss

κερί

svece

σαλόνι - viesistaba

κουζίνα
virtuve

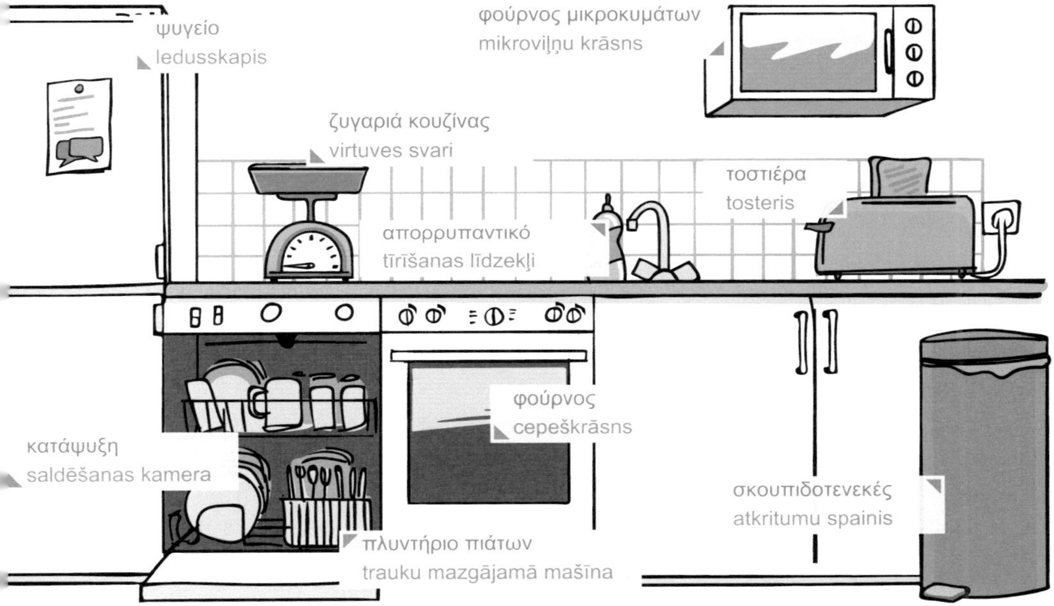
ψυγείο
ledusskapis
φούρνος μικροκυμάτων
mikroviļņu krāsns
ζυγαριά κουζίνας
virtuves svari
τοστιέρα
tosteris
απορρυπαντικό
tīrīšanas līdzekļi
φούρνος
cepeškrāsns
κατάψυξη
saldēšanas kamera
σκουπιδοτενεκές
atkritumu spainis
πλυντήριο πιάτων
trauku mazgājamā mašīna

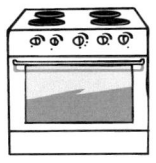

κουζίνα
plīts

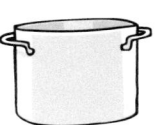

κατσαρόλα
pods

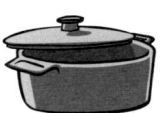

μαντεμένια κατσαρόλα
katls

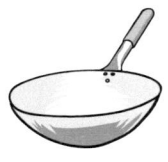

γουόκ/καντάι
Wok panna

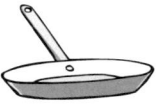

τηγάνι
panna

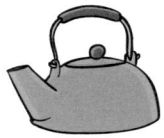

βραστήρας
elektriskā tējkanna

ατμομάγειρας

tvaika katls

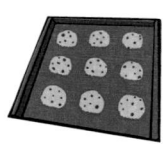

ταψί

cepešpanna

πιατικά

trauki

κούπα

krūze

μπολ

bļoda

ξυλάκια

irbulīši

κουτάλα

kauss

σπάτουλα

lāpstiņa

ανακατεύω

putošanas slotiņa

σουρωτήρι

sietiņš

σουρωτηράκι

siets

τρίφτης

rīve

γουδί

piesta

ψησταριά

grilēt

ανοιχτή φωτιά

atklāts pavards

σανίδα κοπής

dēlis

πλάστης

mīklas rullis

ανοιχτήρι φελλών

korķu viļķis

κονσέρβα

bundža

ανοιχτήρι κονσέρβας

konservu nazis

γάντι φούρνου

virtuves cimdi

νεροχύτης

izlietne

βούρτσα

birste

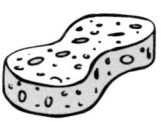

σφουγγάρι

sūklis

μπλέντερ

mikseris

καταψύκτης

saldētava

μπιμπερό

bērna pudelīte

βρύση

ūdenskrāns

μπάνιο
vannas istaba

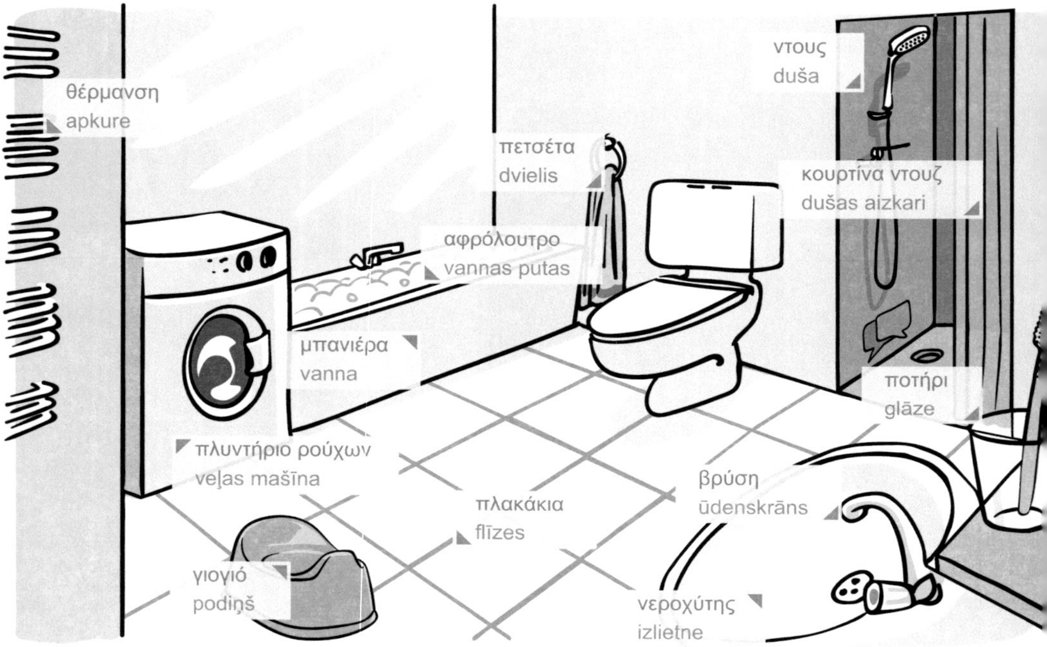
θέρμανση
apkure
ντους
duša
πετσέτα
dvielis
κουρτίνα ντουζ
dušas aizkari
αφρόλουτρο
vannas putas
μπανιέρα
vanna
ποτήρι
glāze
πλυντήριο ρούχων
veļas mašīna
βρύση
ūdenskrāns
πλακάκια
flīzes
γιογιό
podiņš
νεροχύτης
izlietne

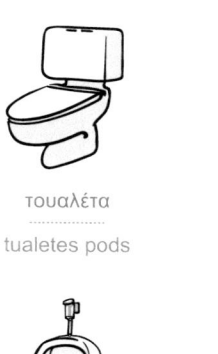

τουαλέτα

tualetes pods

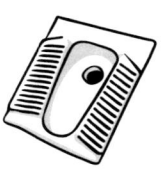

τούρκικη τουαλέτα

Āzijas tipa tualete

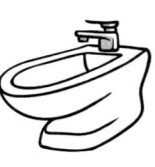

μπιντές

bidē

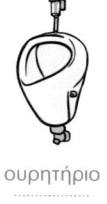

ουρητήριο

pisuārs

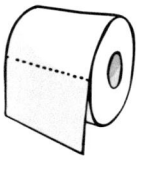

χαρτί υγείας

tualetes papīs

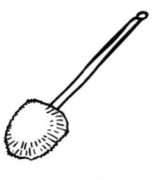

πιγκάλ

tualetes birste

οδοντόβουρτσα

zobu birste

οδοντόκρεμα

zobu pasta

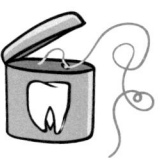

οδοντικό νήμα

zobu diegs

πλένω

mazgāt

τηλέφωνο ντους

rokas duša

ντουσιέρα

duša

λεκάνη

bļoda

βούρτσα πλάτης

muguras mazgāšanas birste

σαπούνι

ziepes

αφρόλουτρο

dušas želeja

σαμπουάν

šampūns

φανέλα

mazgāšanas drāna

σιφόνι

noteka

κρέμα

krēms

αποσμητικό

dezodorants

καθρέφτης

spogulis

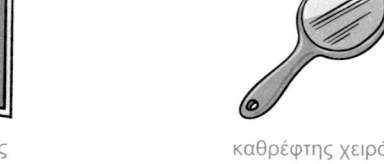

καθρέφτης χειρός

spogulītis

ξυραφάκι

skuveklis

αφρός ξυρίσματος

skūšanās putas

αφτερσέιβ

losjons pēc skūšanās

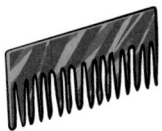

χτένα

ķemme

βούρτσα

matu suka

σεσουάρ

matu fēns

λακ

matu laka

μακιγιάζ

grima komplekts

κραγιόν

lūpu krāsa

βερνίκι νυχιών

nagulaka

βαμβάκι

vate

ψαλίδι νυχιών

šķērītes

άρωμα

smaržas

νεσεσέρ

kosmētikas maks

σκαμπό

ķeblītis

ζυγαριά

svari

μπουρνούζι

halāts

ελαστικά γάντια

tīrīšanas cimdi

ταμπόν

tampons

πετσέτα υγιεινής

pakete

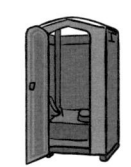

χημική τουαλέτα

ķīmiskā tualete

μπάνιο - vannas istaba

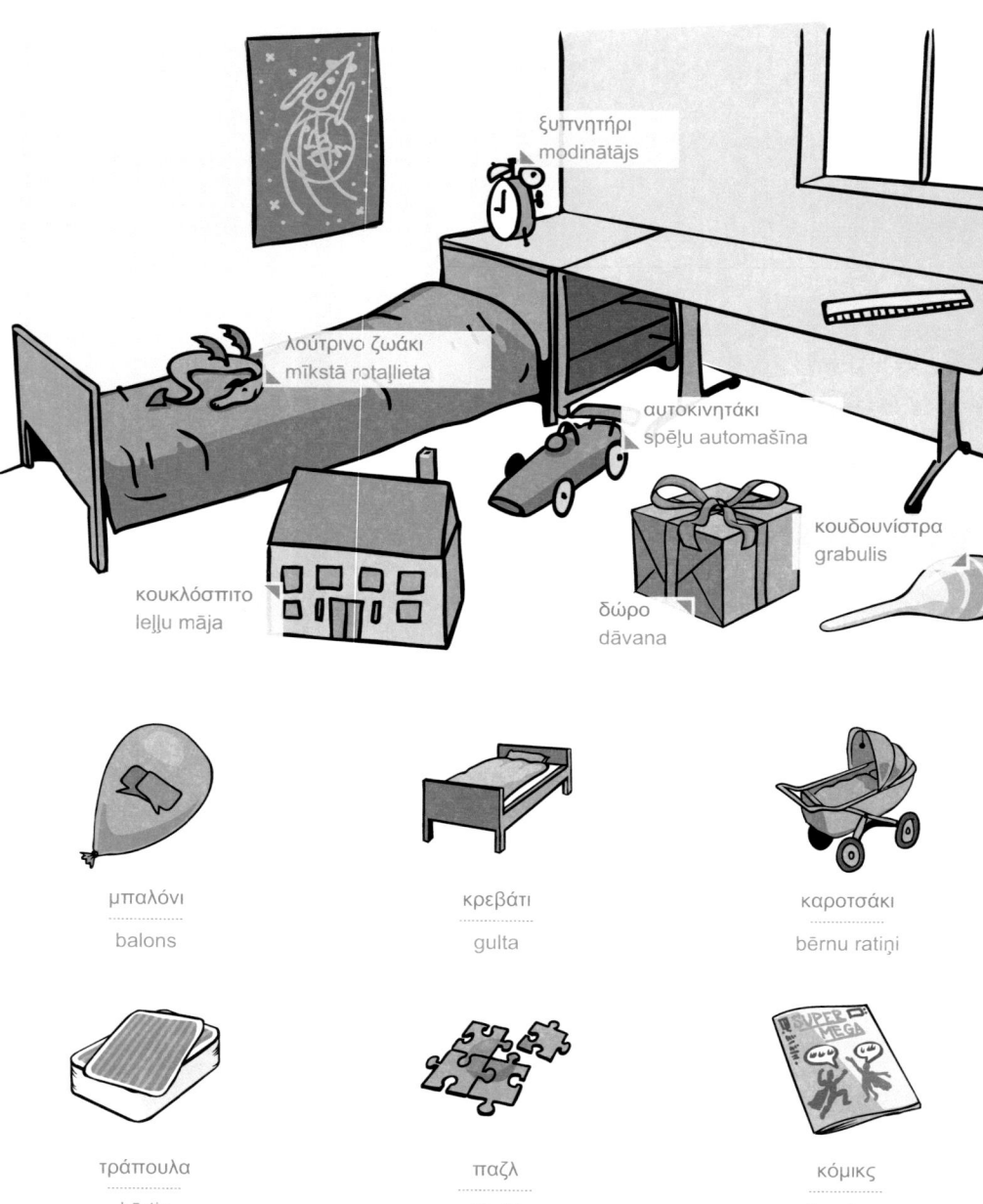

ξυπνητήρι
modinātājs

λούτρινο ζωάκι
mīkstā rotaļlieta

αυτοκινητάκι
spēļu automašīna

κουδουνίστρα
grabulis

κουκλόσπιτο
leļļu māja

δώρο
dāvana

μπαλόνι
balons

κρεβάτι
gulta

καροτσάκι
bērnu ratiņi

τράπουλα
kārtis

παζλ
puzle

κόμικς
komikss

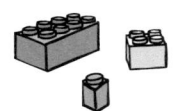

τουβλάκια lego

LEGO klucīši

τουβλάκια κατασκευών

klucīši

φιγούρα δράσης

varoņu figūra

βρεφικό φορμάκι

rāpulītis

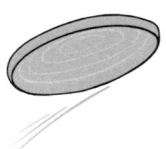

φρίσμπι

lidojošais šķīvītis

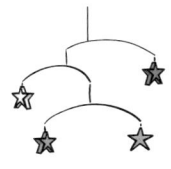

μόμπιλο

muzikālais karuselis

επιτραπέζιο παιχνίδι

galda spēle

ζάρια

metamais kauliņš

σετ τρενάκι

rotaļu dzelzceļš

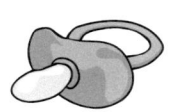

πιπίλα

māneklis

πάρτι

ballīte

εικονογραφημένο βιβλίο

bilžu grāmata

μπάλα

bumba

κούκλα

lelle

παίζω

spēlēt

σκάμμα με άμμο

smilšu kaste

κούνια

šūpoles

παιχνίδια

rotaļlietas

κονσόλα βιντεοπαιχνιδιών

spēļu konsole

τρίκυκλο

trīsritenis

αρκουδάκι

plīša lācītis

ντουλάπα

drēbju skapis

ρούχα
apģērbs

κάλτσες

īszeķes

καλτσοδέτες

zeķes

καλσόν

zeķbikses

κασκόλ
šalle

ομπρέλα
lietussargs

μπλουζάκι
T-krekls

ζώνη
siksna

μπότες
zābaks

παντόφλες
čības

αθλητικά παπούτσια
botas

σανδάλια
sandales

παπούτσια
kurpes

γαλότσες
gumijas zābaki

εσώρουχο
apakšbikses

σουτιέν
krūšturis

φανέλα
apakškrekls

ρούχα - apģērbs

45

σώμα

bodijs

παντελόνι

bikses

τζιν παντελόνι

džinsi

φούστα

svārki

μπλούζα

blūze

πουκάμισο

krekls

πουλόβερ

pulovers

πουλόβερ

džemperis

σακάκι

žakete

μπουφάν

jaka

παλτό

mētelis

αδιάβροχο πανωφόρι

lietus mētelis

κοστούμι

kostīms

φόρεμα

kleita

νυφικό

kāzu kleita

κοστούμι

uzvalks

νυχτικό

naktskrekls

πιτζάμες

pidžama

σάρι

sari

μαντήλι

lakats

τουρμπάνι

turbāns

μπούρκα

burka

καφτάνι

kaftāns

μουσουλμανικό ένδυμα

abaja

ολόσωμο μαγιό

peldkostīms

ανδρικό μαγιό

peldbikses

σορτς

šorti

αθλητική φόρμα

treniņtērps

ποδιά

priekšauts

γάντια

cimdi

κουμπί

poga

γυαλιά

brilles

βραχιόλι

rokassprādze

περιδέραιο

kaklarota

δαχτυλίδι

gredzens

σκουλαρίκι

auskars

καπέλο

cepure

κρεμάστρα

drēbju pakaramais

καπέλο

platmale

γραβάτα

kaklasaite

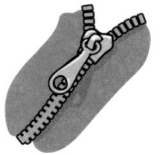

φερμουάρ

rāvējslēdzējs

κράνος

ķivere

τιράντες

bikšturi

μαθητική στολή

skolas forma

στολή

uniforma

σαλιάρα

priekšautiņš

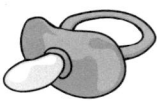

πιπίλα

māneklis

πάνα

autiņbiksītes

γραφείο
birojs

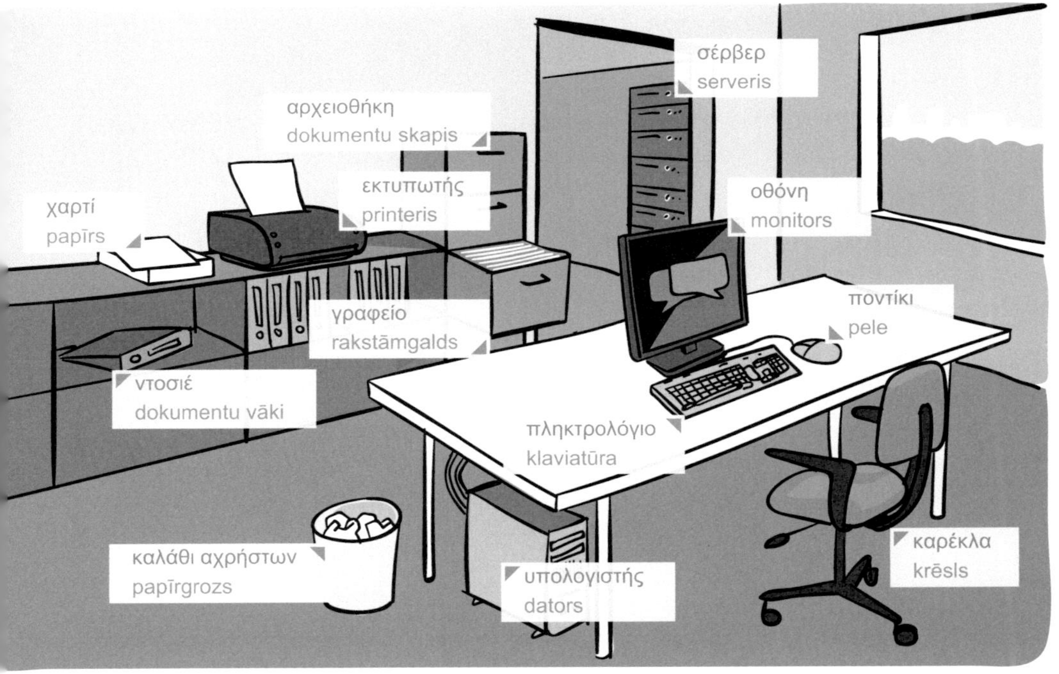

σέρβερ
serveris

αρχειοθήκη
dokumentu skapis

εκτυπωτής
printeris

οθόνη
monitors

χαρτί
papīrs

γραφείο
rakstāmgalds

ποντίκι
pele

ντοσιέ
dokumentu vāki

πληκτρολόγιο
klaviatūra

καρέκλα
krēsls

καλάθι αχρήστων
papīrgrozs

υπολογιστής
dators

κούπα του καφέ

kafijas krūze

κομπιουτεράκι

kalkulators

ίντερνετ

internets

λάπτοπ

portatīvais dators

γράμμα

vēstule

μήνυμα

ziņa

κινητό

mobilais tālrunis

δίκτυο

tīkls

φωτοτυπικό μηχάνημα

kopētājs

λογισμικό

programmatūra

τηλέφωνο

telefons

πρίζα

rozete

συσκευή φαξ

faksa aparāts

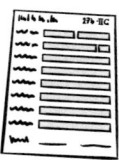

έντυπο

formulārs

έγγραφο

dokuments

γραφείο - birojs

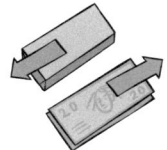

αγοράζω

pirkt

πληρώνω

samaksāt

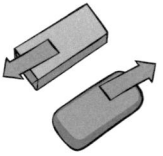

συναλλάσσομαι

tirgot

χρήματα

nauda

δολάριο

dolārs

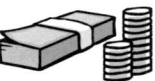

ευρώ

eiro

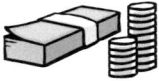

γιεν

jēna

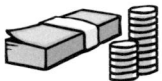

ρούβλι

rublis

ελβετικό φράγκο

franks

ρενμίνμπι γιουάν

juaņa renminbi

ρουπία

rūpija

ATM (αυτόματη ταμειακή μηχανή)

bankomāts

ανταλλακτήρια
συναλλάγματος

valūtas maiņas punkts

χρυσός

zelts

ασήμι

sudrabs

πετρέλαιο

nafta

ενέργεια

enerģija

τιμή

cena

συμβόλαιο

līgums

φόρος

nodoklis

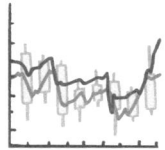

μετοχή

akcija

δουλεύω

strādāt

υπάλληλος

darbinieks

εργοδότης

darba devējs

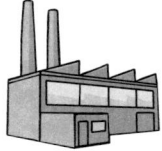

εργοστάσιο

fabrika

κατάστημα

veikals

επαγγέλματα
profesijas

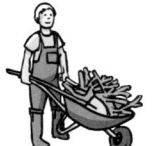

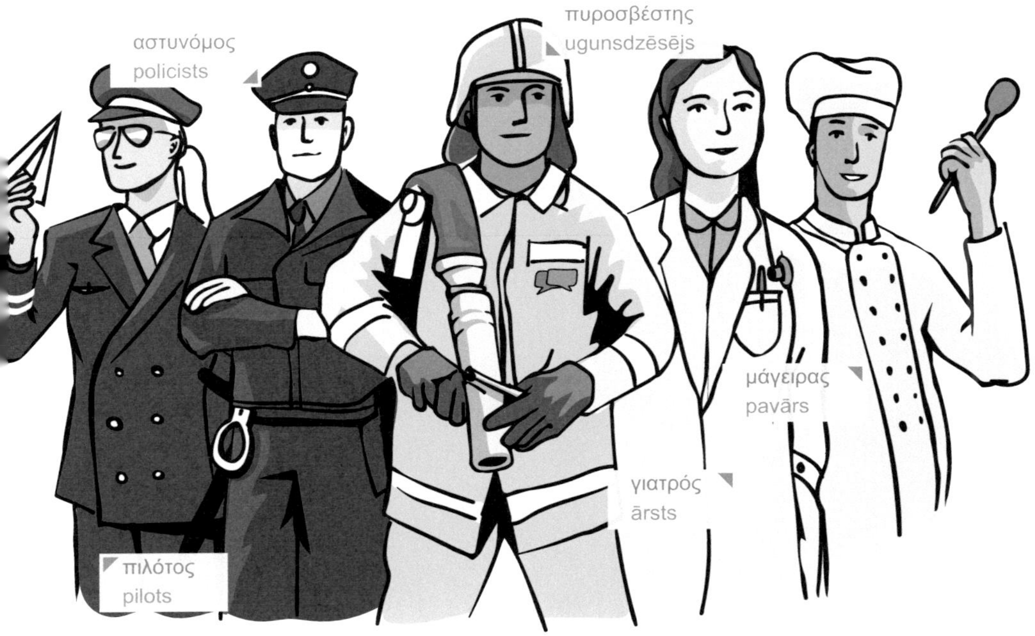
αστυνόμος
policists
πυροσβέστης
ugunsdzēsējs
μάγειρας
pavārs
γιατρός
ārsts
πιλότος
pilots

κηπουρός

dārznieks

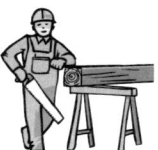

ξυλουργός

galdnieks

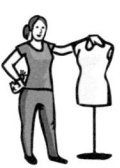

μοδίστρα

šuvēja

δικαστής

tiesnesis

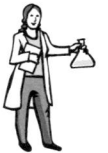

χημικός

ķīmiķis

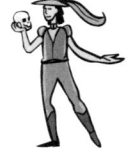

ηθοποιός

aktieris

οδηγός λεωφορείου

autobusa vadītājs

ταξιτζής

taksometra vadītājs

ψαράς

zvejnieks

καθαρίστρια

apkopēja

τεχνίτης στεγών

jumiķis

σερβιτόρος

viesmīlis

κυνηγός

mednieks

ζωγράφος

gleznotājs

αρτοποιός

maiznieks

ηλεκτρολόγος

elektriķis

οικοδόμος

celtnieks

μηχανολόγος

inženieris

κρεοπώλης

miesnieks

υδραυλικός

skārdnieks

ταχυδρόμος

pastnieks

στρατιώτης

karavīrs

αρχιτέκτονας

arhitekts

ταμίας

kasieris

ανθοπώλης

florists

κομμωτής

frizieris

ελεγκτής εισιτηρίων

konduktors

μηχανικός

mehāniķis

καπετάνιος

kapteinis

οδοντίατρος

zobārsts

επιστήμονας

zinātnieks

ραβίνος

rabīns

ιμάμης

imāms

μοναχός

mūks

ιερέας

mācītājs

εργαλεία
instrumenti

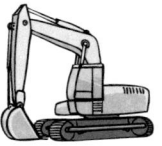

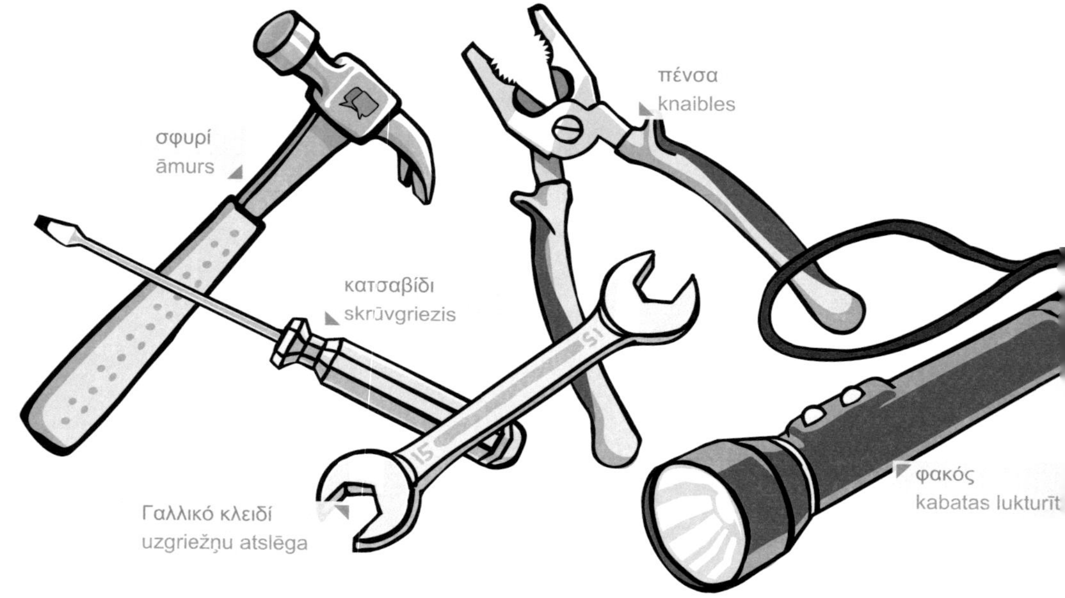
σφυρί
āmurs
πένσα
knaibles
κατσαβίδι
skrūvgriezis
Γαλλικό κλειδί
uzgriežņu atslēga
φακός
kabatas lukturīt

εκσκαφέας

ekskavators

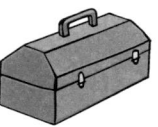

εργαλειοθήκη

instrumentu kaste

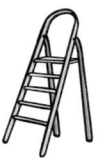

σκάλα

kāpnes

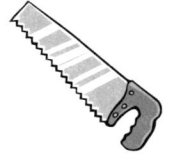

πριόνι

zāģis

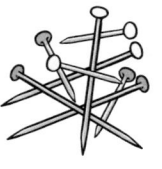

καρφιά

naglas

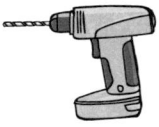

τρυπάνι

urbis

επισκευάζω
remontēt

φτυάρι
lāpsta

Να πάρει!
Velns!

φαράσι
liekšķere

δοχείο χρωμάτων
krāsas bundža

βίδες
skrūves

μουσικά όργανα
mūzikas instrumenti

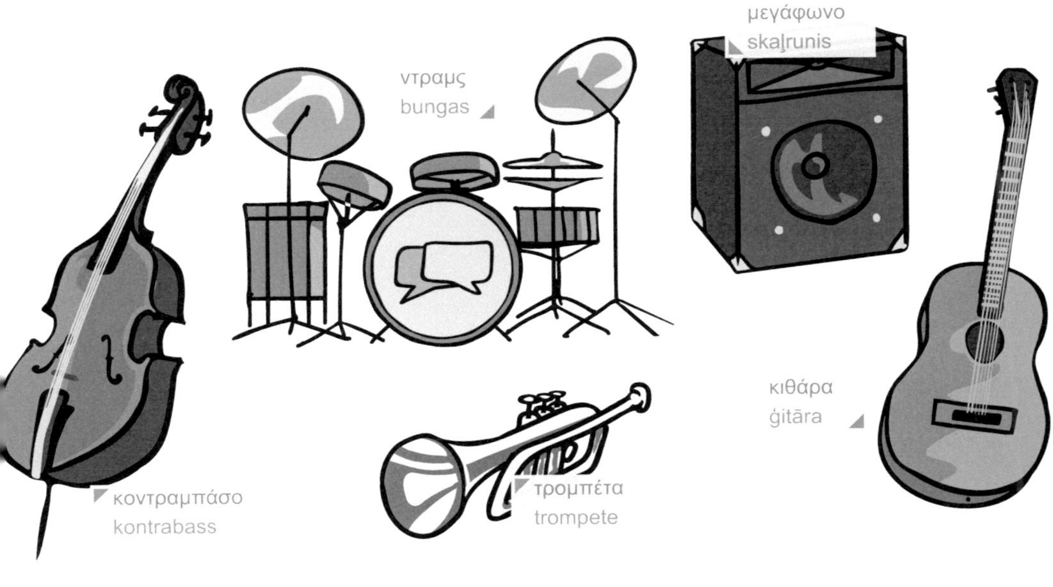

μεγάφωνο
skaļrunis

ντραμς
bungas

κοντραμπάσο
kontrabass

τρομπέτα
trompete

κιθάρα
ģitāra

πιάνο

klavieres

βιολί

vijole

μπάσο

bass

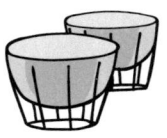

τύμπανα

timpāni

τύμπανο

bungas

πλήκτρα

digitālās klavieres

σαξόφωνο

saksofons

φλάουτο

flauta

μικρόφωνο

mikrofons

ζωολογικός κήπος
zooloģiskais dārzs

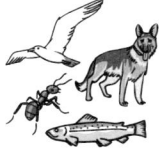

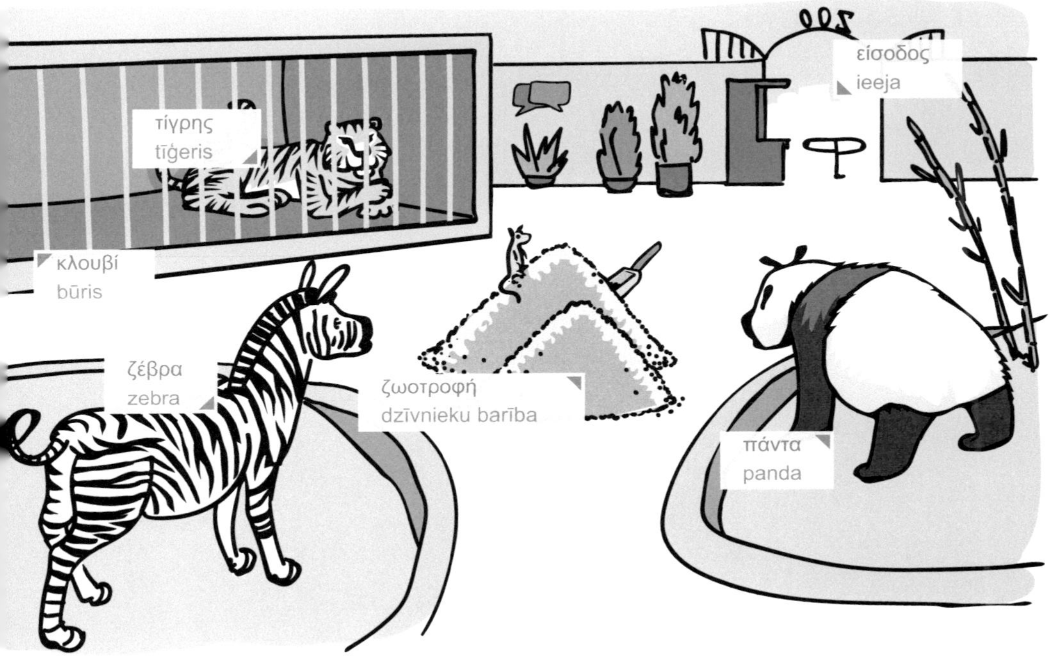
είσοδος
ieeja
τίγρης
tīģeris
κλουβί
būris
ζέβρα
zebra
ζωοτροφή
dzīvnieku barība
πάντα
panda

ζώα

dzīvnieki

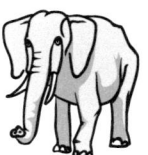

ελέφαντας

zilonis

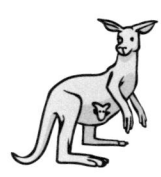

καγκουρό

ķengurs

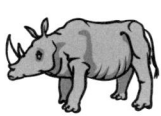

ρινόκερος

degunradzis

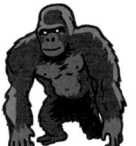

γορίλας

gorilla

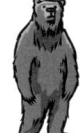

αρκούδα

lācis

καμήλα

kamielis

στρουθοκάμηλος

strauss

λιοντάρι

lauva

πίθηκος

pērtiķis

φλαμίνγκο

flamings

παπαγάλος

papagailis

πολική αρκούδα

polārlācis

πιγκουίνος

pingvīns

καρχαρίας

haizivs

παγώνι

pāvs

φίδι

čūska

κροκόδειλος

krokodils

φύλακας ζωολογικού κήπου

zoodārza sargs

φώκια

ronis

τζάγκουαρ

jaguārs

πόνυ

ponijs

λεοπάρδαλη

leopards

ιπποπόταμος

nīlzirgs

καμηλοπάρδαλη

žirafe

αετός

ērglis

αγριογούρουνο

meža cūka

ψάρι

zivs

χελώνα

bruņurupucis

θαλάσσιος ίππος

valzirgs

αλεπού

lapsa

γαζέλα

gazele

Αμερικάνικο ποδόσφαιρο
amerikāņu futbols

ποδηλασία
riteņbraukšana

αντισφαίριση
teniss

μπάσκετ
basketbols

κολύμβηση
peldēšana

πυγχαμία
bokss

χόκεϋ επί πάγου
hokejs

ποδόσφαιρο
futbols

μπάντμιντον
badmintons

στίβος
vieglatlētika

χάντμπολ
rokas bumba

σκι
slēpošana

πόλο
polo

γελάω
smieties

πηδάω
lēkt

αγκαλιάζω
apskaut

περπατάω
iet

τραγουδάω
dziedāt

ονειρεύομαι
sapņot

προσεύχομαι
lūgt

φιλάω
skūpstīt

γράφω
rakstīt

σχεδιάζω
zīmēt

δείχνω
rādīt

πιέζω
spiest

δίνω
dot

παίρνω
ņemt

έχω

būt

κάνω

darīt

είμαι

būt

στέκομαι

stāvēt

τρέχω

skriet

τραβάω

vilkt

ρίχνω

mest

πέφτω

krist

ξαπλώνω

gulēt

περιμένω

gaidīt

κουβαλώ

nest

κάθομαι

sēdēt

φοράω

uzģērbt

κοιμάμαι

gulēt

ξυπνάω

pamosties

κοιτάω

skatīties

κλαίω

raudāt

χαϊδεύω

glāstīt

χτενίζω

ķemmēt

μιλάω

runāt

καταλαβαίνω

saprast

ρωτάω

jautāt

ακούω

dzirdēt

πίνω

dzert

τρώω

ēst

συγυρίζω

sakārtot

αγαπάω

mīlēt

μαγειρεύω

vārīt

οδηγώ

braukt

πετάω

lidot

δραστηριότητες - darbības

κάνω ιστιοπλοΐα

burot

υπολογίζω

rēķināt

διαβάζω

lasīt

μαθαίνω

mācīties

δουλεύω

strādāt

παντρεύομαι

precēties

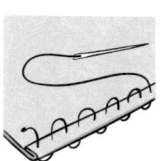

ράβω

šūt

βουρτσίζω τα δόντια

tīrīt zobus

σκοτώνω

nogalināt

καπνίζω

smēķēt

στέλνω

sūtīt

οικογένεια
ģimene

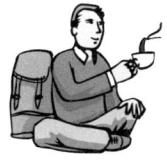

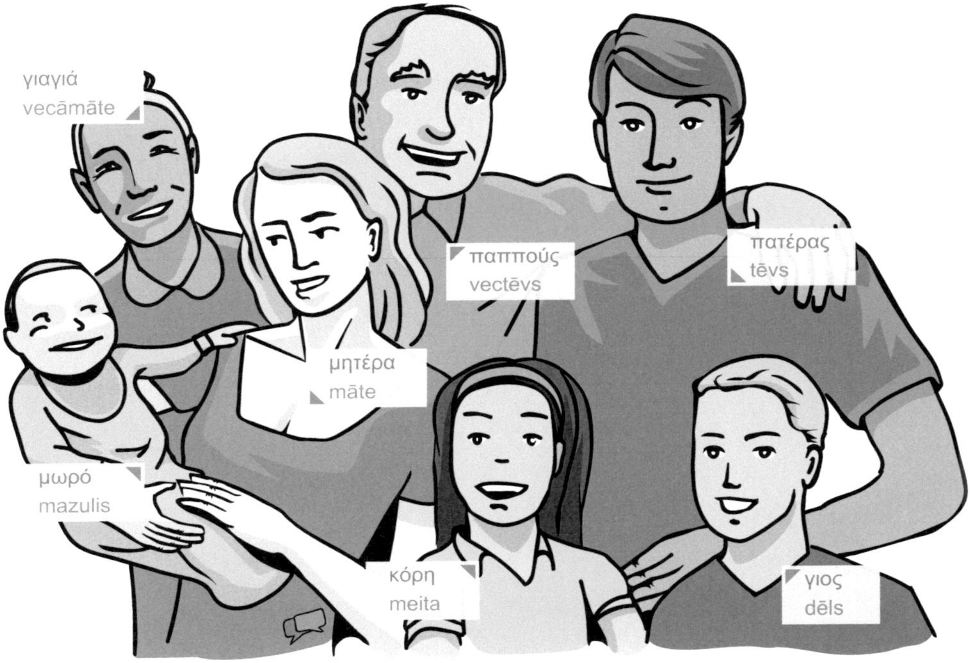
γιαγιά
vecāmāte
παππούς
vectēvs
πατέρας
tēvs
μητέρα
māte
μωρό
mazulis
κόρη
meita
γιος
dēls

καλεσμένος

viesis

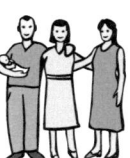

θεία

tante

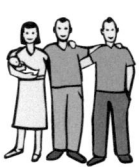

θείος

onkulis

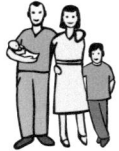

αδελφός

brālis

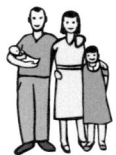

αδελφή

māsa

σώμα

ķermenis

μέτωπο
piere
μάτι
acs
ώμος
plecs
δάχτυλο
pirksts
πρόσωπο
seja
πιγούνι
zods
χέρι
roka
πόδι
kāja
στήθος
krūtis
βραχίονας
roka

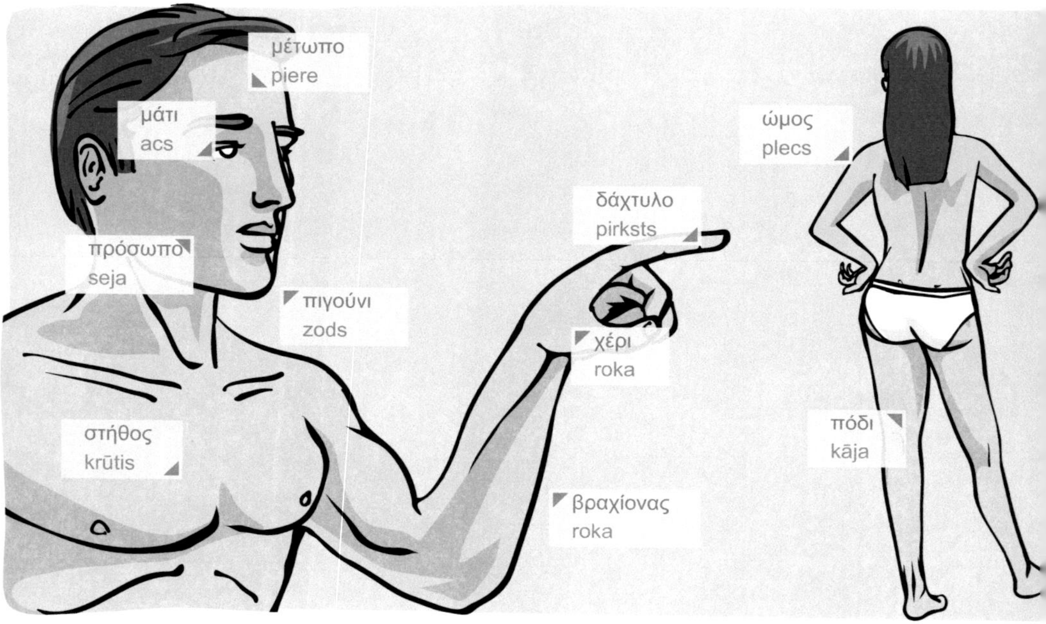

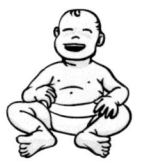

μωρό

mazulis

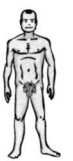

άνδρας

vīrietis

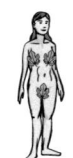

γυναίκα

sieviete

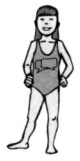

κορίτσι

meitene

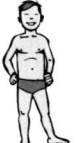

αγόρι

zēns

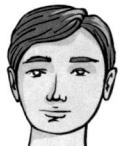

κεφάλι

galva

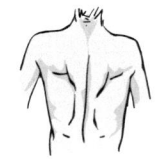

πλάτη

mugura

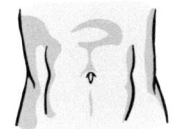

κοιλιά

vēders

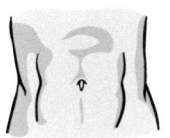

αφαλός

naba

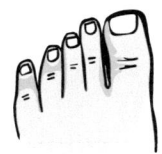

δάχτυλο ποδιού

kājas pirksts

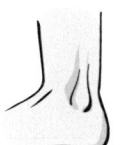

φτέρνα

papēdis

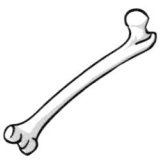

κόκκαλο

kauls

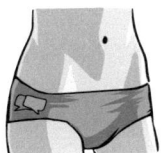

γοφός

gurns

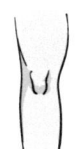

γόνατο

celis

αγκώνας

elkonis

μύτη

deguns

γλουτός

dibens

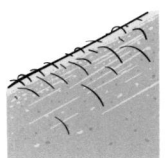

δέρμα

āda

μάγουλο

vaigs

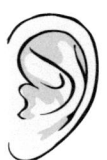

αυτί

auss

χείλος

lūpa

σώμα - ķermenis

στόμα

mute

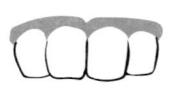

δόντι

zobs

γλώσσα

mēle

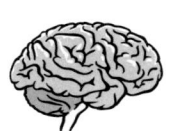

εγκέφαλος

smadzenes

καρδιά

sirds

μυς

muskulis

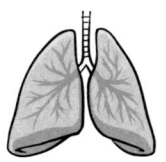

πνεύμονας

plaušas

συκώτι

aknas

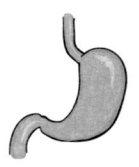

στομάχι

kuŋģis

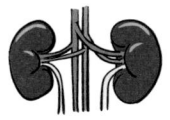

νεφρά

nieres

σεξουαλική επαφή

dzimumakts

προφυλακτικό

kondoms

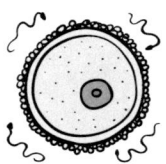

ωάριο

olšūna

σπέρμα

sperma

εγκυμοσύνη

grūtniecība

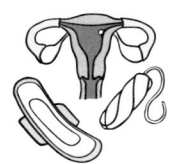

περίοδος

menstruācijas

γυναικείος κόλπος

vagīna

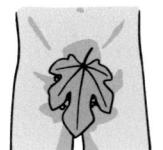

πέος

penis

φρύδι

uzacs

μαλλιά

mati

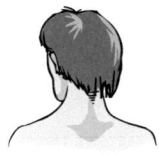

λαιμός

kakls

νοσοκομείο
slimnīca

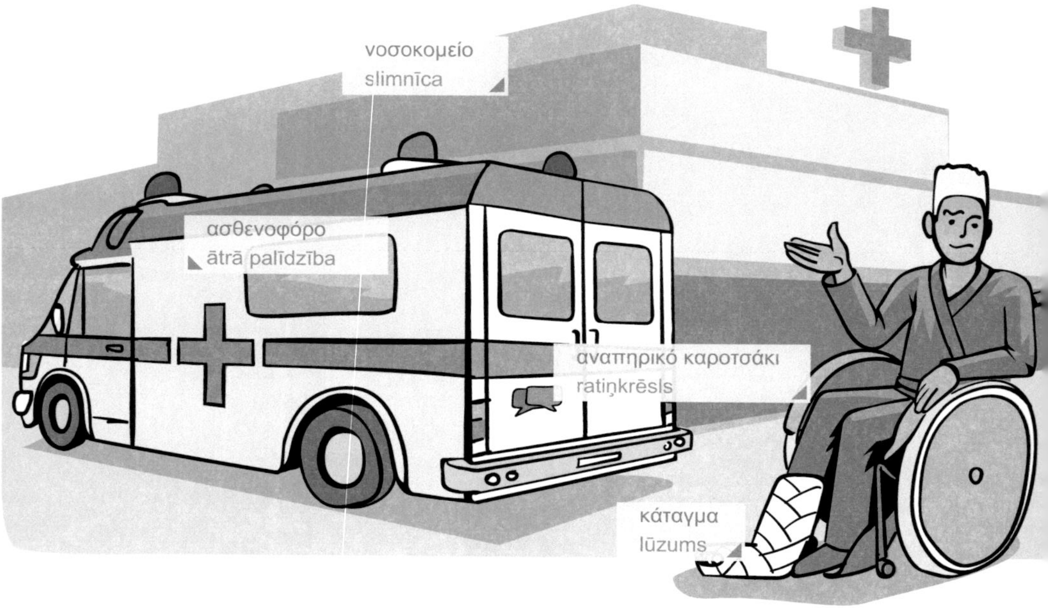

νοσοκομείο
slimnīca
ασθενοφόρο
ātrā palīdzība
αναπηρικό καροτσάκι
ratiņkrēsls
κάταγμα
lūzums

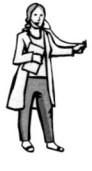

γιατρός

ārsts

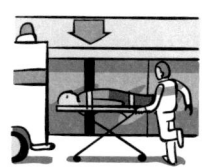

μονάδα εντατικής θεραπείας

neatliekamās palīdzības nodaļa

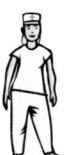

νοσοκόμα

medmāsa

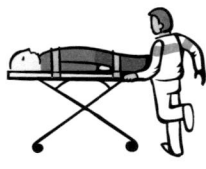

έκτακτη ανάγκη

ārkārtas gadījums

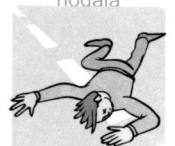

λιπόθυμος

paģībis

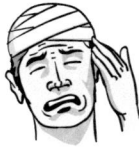

πόνος

sāpes

τραύμα

ievainojums

αιμορραγία

asiņošana

έμφραγμα

sirdslēkme

εγκεφαλικό

insults

αλλεργία

alerģija

βήχας

klepus

πυρετός

temperatūra

γρίπη

gripa

διάρροια

caureja

πονοκέφαλος

galvassāpes

καρκίνος

vēzis

διαβήτης

diabēts

χειρουργός

ķirurgs

νυστέρι

skalpelis

εγχείρηση

operācija

νοσοκομείο - slimnīca

αξονική τομογραφία

datortomogrāfija

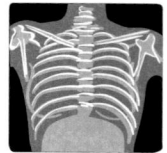

ακτινογραφία

rentgents

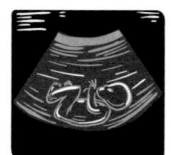

υπέρηχος

ultraskaņa

μάσκα

sejas maska

ασθένεια

slimība

αίθουσα αναμονής

uzgaidāmā telpa

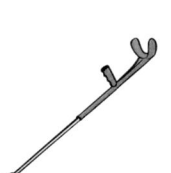

πατερίτσα

kruķis

χάνσαπλαστ

plāksteris

επίδεσμος

apsējs

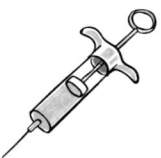

ένεση

injekcija

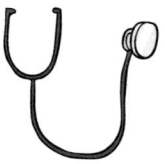

στηθοσκόπιο

stetoskops

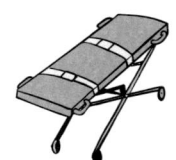

φορείο

nestuves

θερμόμετρο

termometrs

γέννηση

dzemdības

υπέρβαρο

liekais svars

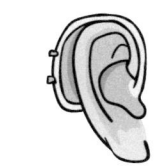

ακουστικό βαρηκοΐας

dzirdes aparāts

αντισηπτικό

dezinfekcijas līdzeklis

λοίμωξη

infekcija

ιός

vīruss

HIV/AIDS

HIV / AIDS

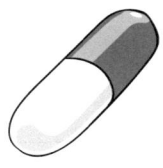

φάρμακο

zāles

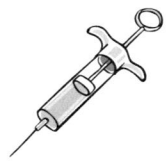

εμβολιασμός

pote

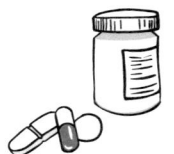

δισκία

tabletes

χάπι

pretapauglošanās tablete

κλήση έκτακτης ανάγκης

ārkārtas izsaukums

πιεσόμετρο αίματος

asinsspiediena mērītājs

άρρωστος / υγιής

slims / vesels

Βοήθεια!

Palīgā!

συναγερμός

trauksme

βιαιοπραγία

uzbrukums

επίθεση

uzbrukums

κίνδυνος

bīstamība

έξοδος κινδύνου

avārijas izeja

Φωτιά!

Uguns!

πυροσβεστήρας

ugunsdzēšamais aparāts

ατύχημα

negadījums

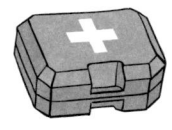

κουτί πρώτων βοηθειών

pirmās palīdzības aptieciņa

SOS

SOS

αστυνομία

policija

Ευρώπη

Eiropa

Βόρεια Αμερική

Ziemeļamerika

Νότια Αμερική

Dienvidamerika

Αφρική

Āfrika

Ασία

Āzija

Αυστραλία

Austrālija

Ατλαντικός Ωκεανός

Atlantijas okeāns

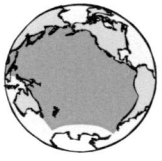

Ειρηνικός Ωκεανός

Klusais okeāns

Ινδικός Ωκεανός

Indijas okeāns

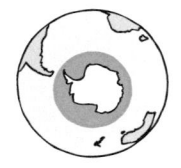

Ανταρκτικός Ωκεανός

Dienvidu okeāns

Αρκτικός Ωκεανός

Ziemeļu ledus okeāns

Βόρειος Πόλος

Ziemeļpols

Νότιος Πόλος
Dienvidpols

Ανταρκτική
Antarktika

Γη
zeme

γη
zeme

θάλασσα
jūra

νησί
sala

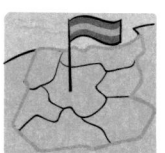

έθνος
nācija

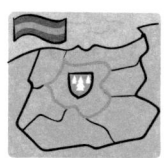

πολιτεία
valsts

Γη - zeme

καντράν ρολογιού

ciparnīca

ωροδείκτης

stundu rādītājs

λεπτοδείκτης

minūšu rādītājs

δείκτης δευτερολέπτων

sekunžu rādītājs

Τι ώρα είναι;

Cik ir pulkstenis?

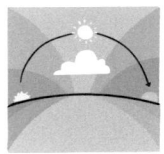

ημέρα

diena

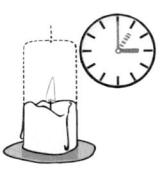

χρόνος

laiks

τώρα

tagad

ψηφιακό ρολόι

digitālais pulkstenis

λεπτό

minūte

ώρα

stunda

εβδομάδα
nedēļa

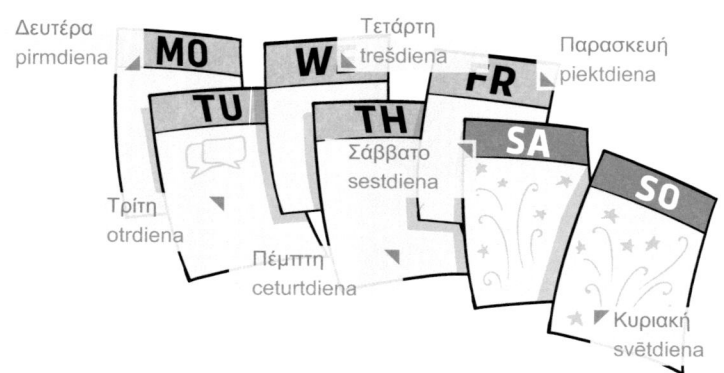

Δευτέρα / pirmdiena
Τρίτη / otrdiena
Τετάρτη / trešdiena
Πέμπτη / ceturtdiena
Παρασκευή / piektdiena
Σάββατο / sestdiena
Κυριακή / svētdiena

χθες
vakardien

σήμερα
šodien

αύριο
rītdien

πρωί
rīts

μεσημέρι
pusdienlaiks

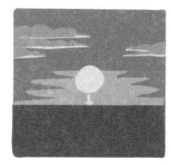

βράδυ
vakars

εργάσιμες ημέρες
darbadienas

Σαββατοκύριακο
brīvdienas

έτος
gads

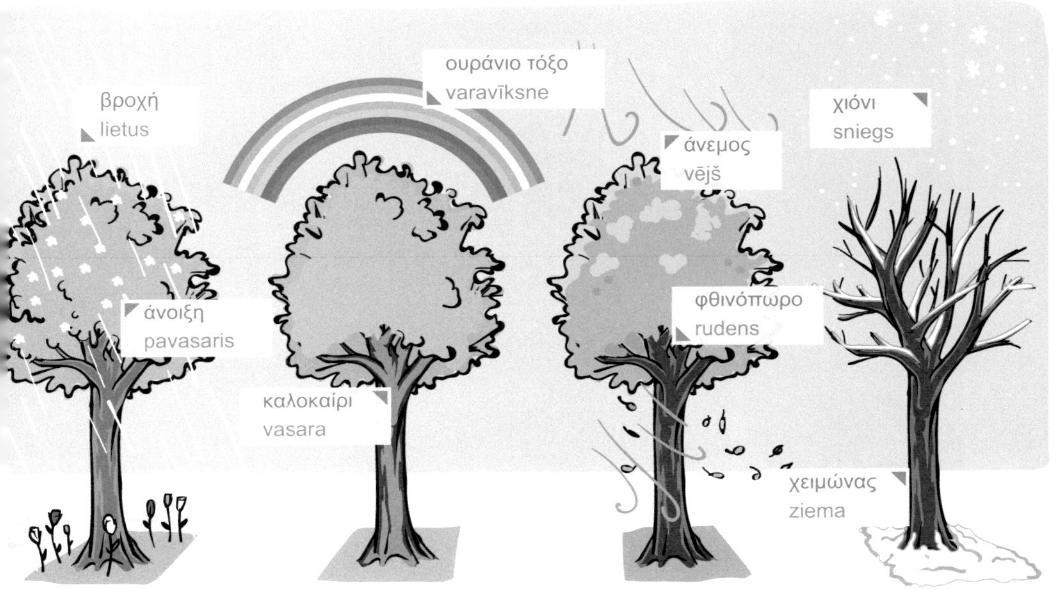
βροχή
lietus
ουράνιο τόξο
varavīksne
άνεμος
vējš
χιόνι
sniegs
άνοιξη
pavasaris
φθινόπωρο
rudens
καλοκαίρι
vasara
χειμώνας
ziema

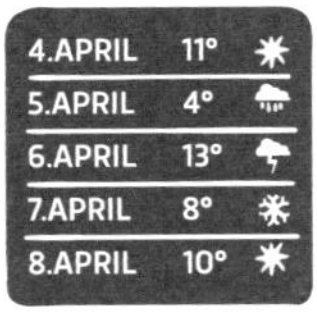
4.APRIL 11°
5.APRIL 4°
6.APRIL 13°
7.APRIL 8°
8.APRIL 10°

πρόγνωση καιρού

laika prognoze

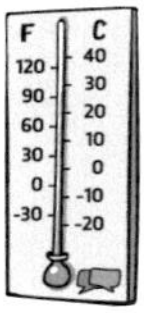
F C
120 90 60 30 0 -30
40 30 20 10 0 -10 -20

θερμόμετρο

termometrs

λιακάδα

saules gaisma

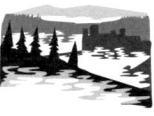

σύννεφο

mākonis

ομίχλη

migla

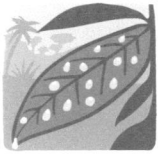

υγρασία

gaisa mitrums

αστραπή

zibens

κεραυνός

pērkons

καταιγίδα

vētra

χαλάζι

krusa

μουσώνας

musons

πλημμύρα

plūdi

πάγος

ledus

Ιανουάριος

janvāris

Φεβρουάριος

februāris

Μάρτιος

marts

Απρίλιος

aprīlis

Μάιος

maijs

Ιούνιος

jūnijs

Ιούλιος

jūlijs

Αύγουστος

augusts

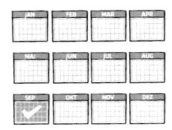

Σεπτέμβριος

septembris

Οκτώβριος

oktobris

Νοέμβριος

novembris

Δεκέμβριος

decembris

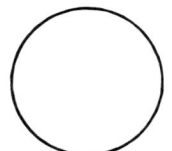

κύκλος

aplis

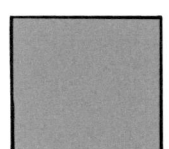

τετράγωνο

kvadrāts

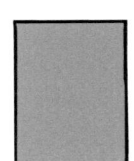

ορθογώνιο
παραλληλόγραμμο
četrstūris

τρίγωνο

trīsstūris

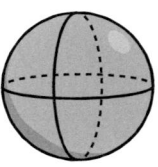

σφαίρα

lode

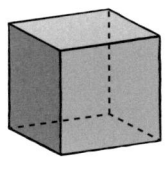

κύβος

kubs

άσπρο

balts

κίτρινο

dzeltens

πορτοκαλί

oranžs

ροζ

sārts

κόκκινο

sarkans

μωβ

lillā

μπλε

zils

πράσινο

zaļš

καφέ

brūns

γκρι

pelēks

μαύρο

melns

πολύ / λίγο

daudz / maz

θυμωμένος / ήρεμος

saniknots / miermīlīgs

όμορφος / άσχημος

skaists / neglīts

αρχή / τέλος

sākums / beigas

μεγάλος / μικρός

liels / mazs

φωτεινός / σκοτεινός

gaišs / tumšs

αδελφός / αδελφή

brālis / māsa

καθαρός / λερωμένος

tīrs / netīrs

πλήρης / ατελής

pilnīgs / nepilnīgs

ημέρα / νύχτα

diena / nakts

νεκρός / ζωντανός

miris / dzīvs

φαρδύς / στενός

plats / šaurs

βρώσιμος / μη βρώσιμος

baudāms / nebaudāms

κακός / ευγενικός

nikns / laipns

ενθουσιασμένος / βαριεστημένος

satraukts / garlaikots

παχύς / λεπτός

resns / tievs

πρώτος / τελευταίος

pirmais /pēdējais

φίλος / εχθρός

draugs / ienaidnieks

γεμάτος / άδειος

pilns / tukšs

σκληρός / μαλακός

ciets / mīksts

βαρύς / ελαφρύς

smags / viegls

πείνα / δίψα

izsalkums / slāpes

άρρωστος / υγιής

slims / vesels

παράνομος / νόμιμος

nelegāls / legāls

έξυπνος / χαζός

inteliģents / dumjš

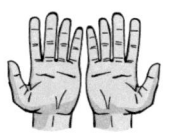

αριστερός / δεξιός

kreisais / labais

κοντινός / μακρινός

tuvu / tālu

καινούριος /
μεταχειρισμένος

jauns / lietots

τίποτα / κάτι

nekas / kaut kas

γέρος | νέος

vecs / jauns

αναμμένος / σβηστός

ieslēgts / izslēgts

ανοιχτός / κλειστός

atvērts / slēgts

χαμηλόφωνος /
μεγαλόφωνος
kluss / skaļš

πλούσιος / φτωχός

bagāts / nabags

σωστός / λανθασμένος

pareizi / nepareizi

τραχύς / λείος

raupjš / gluds

λυπημένος / χαρούμενος

noskumis / laimīgs

κοντός / μακρύς

īss / garš

αργός / γρήγορος

lēns / ātrs

υγρός / στεγνός

slapjš / sauss

ζεστός / δροσερός

silts / vēss

πόλεμος / ειρήνη

karš / miers

0

μηδέν

nulle

1

ένα

viens

2

δύο

divi

3

τρία

trīs

4

τέσσερα

četri

5

πέντε

pieci

6

έξι

seši

7

εφτά

septiņi

8

οκτώ

astoņi

9

εννιά

deviņi

10

δέκα

desmit

11

έντεκα

vienpadsmit

12

δώδεκα
divpadsmit

13

δεκατρία
trīspadsmit

14

δεκατέσσερα
četrpadsmit

15

δεκαπέντε
piecpadsmit

16

δεκαέξι
sešpadsmit

17

δεκαεφτά
septiŋpadsmit

18

δεκαοκτώ
astoŋpadsmit

19

δεκαεννέα
deviŋpadsmit

20

είκοσι
divdesmit

100

εκατό
simts

1.000

χίλια
tūkstotis

1.000.000

εκατομμύριο
miljons

Αγγλικά

angļu

Αμερικάνικα Αγγλικά

amerikāņu angļu

Μανδαρίνικα Κινέζικα

ķīniešu mandarīnu valoda

Χίντι

hindi

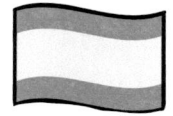

Ισπανικά

spāņu

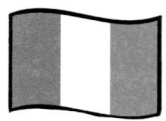

Γαλλικά

franču

Αραβικά

arābu

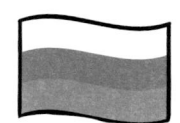

Ρώσικα

krievu

Πορτογαλικά

portugāļu

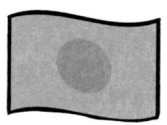

Μπενγκάλι

bengāļu

Γερμανικά

vācu

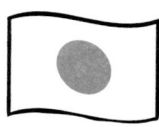

Ιαπωνικά

japāņu

εγώ

es

εσύ

tu

αυτός / αυτή / αυτό

viņš / viņa

εμείς

mēs

εσείς

jūs

αυτοί / αυτές / αυτά

viņi / viņas

ποιος / ποια / ποιο;

kas?

τι;

ko?

πώς;

kā?

πού;

kur?

πότε;

kad?

όνομα

vārds

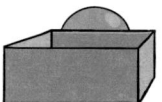

πίσω

aiz

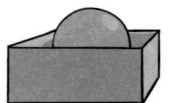

μέσα

iekšā

μπροστά

priekšā

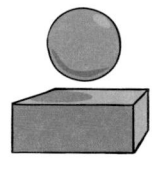

πάνω από

virs

πάνω

uz

κάτω

zem

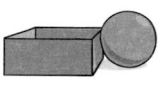

δίπλα

blakus

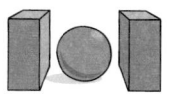

ανάμεσα

starp

μέρος

vieta